JN200823

出版業界版
悪魔の辞典
愛書家に贈るシニカルブック

ノセ事務所　能勢　仁 著

SMP mediapal
出版メディアパル

愛書家に贈るシニカルブック

出版業界版　悪魔の辞典

――楽しい読書に水をさす本＝目次

まえがき

出版物の販売金額の低下に歯止めがかからない現状が17年続いている。売上についてみれば、１９９７年は2兆６３７４億円で、２０１４年は1兆６０６５億円で、39・1％ダウンしている。しかし発行点数だけは18年間増え続けている。因みに１９９７年は6万５４３８点であったが、２０１４年は7万６４６５点であり、伸長率は１１６・8％である。

売上に無関係に、新製品が増え続ける珍現象に苦笑せざるを得ない。販売のパイを無視して生産すれば、結果は返品増である。これほど愚かなことはない。優良企業のすべきことではない。

業界は「著者―出版社―取次―書店―読者」の存在によって成り立っている。この図式は出版産業が成立して以来変わらない。わかりやすく見れば「書く人、作る人、卸す人、売る人、読む人」の役割、仕事の分担が明確である。現状の不景気と出版点数のアンバランスは、役割に異変が起きているからである。つまり書き手の急増に対して、読み手の減少が指摘できる。中でも読者の変質は激しい。

業界の中枢である「出版社—取次—書店」の関係の中で、本の渡し手である書店に大きな変化をもたらした。日本書店商業組合連合会加盟店の数を見れば一目瞭然である。

日本の書店の総数は、97年は２万６２９店であったものが、２０１３年には１万３９４３店になってしまっている。減少率は32・５％である。書店業不成立の環境になったために、廃業店が続出したのである。しかし一方で、成長している書店のあることも事実である。これを矛盾と見るか合理と見るかは判断の分かれるところである。

成長書店、あるいは生き残り書店は読者の変質をとらえ、その変化に対応している。活字読者たる近代読者と、エンターテインメント中心の現代読者を使い分けして対応している。複合化書店の成長は、その証であり、一方、超大型化された売場面積にフルラインで商品構成された書店が勝ち残っている現状である。

業界の生産量が減少していないのに、販売量が上昇しない矛盾に頭を悩ませている人のために、一服の清涼剤になればと思って企画したのが

本書『出版業界版　悪魔の辞典』である。

　世界的名著である『悪魔の辞典』（アンブローズ・ビアス、西川正身訳、岩波書店）は、多くの読者に読まれている。風刺と機知に満ちたこの本は、まさに警句箴言《しんげん》集である。これに似た本が書けないものだろうかと頭をひねっていた矢先、既に着手していた人がおられた。

　それは山田英夫氏による『ビジネス版　悪魔の辞典』（日経ビジネス人文庫、02年刊）である。黒いベストセラーとして人気を博し、07年には増補改訂版が出版されている。

　本の帯に『「完売」…発注（生産）量ミスか価格設定ミス。「コミットメント」…自縛。目標が高すぎると自爆』とある。もうひとつあげると『「自己都合退社」…会社側が最もうまくやったリストラ』が紹介されていた。この本を見た瞬間に、こんな面白い本を書いてみたいと思って出来た本が本書である。

　私なりに、自分の住む職域を揶揄《やゆ》してよいものかと悩んだが、「業界を裏側や側面から見ることも必要だろう」と自己肯定して仕事を進めてきた。途中何人かの人に意見を聞いたり、修正したりした。

　また、本書の発行に当たり、出版業界内の様々な方々のご意見や感想をいただいた。紙面を借りて厚くお礼を申し上げたい。

　項目をピックアップしてみると、固有名詞、普通名詞の中で、特定企業、個人機能を揶揄する結果になってしまうことがあった。割愛したり、そのまま残したりと不統一になったことを反省している。ただ原則として、業界のマイナスになることは避けたつもりである。しかし筆者が警句やジョークのつもりでも、当事者にとっては心外な項目があることもある。ここでお詫びを申し上げ、お赦しを願う次第である。

　出版関連の本が多く出回っている。その中に出版用語項目、業界用語も多く出ている。それらの「正統派の業界用語」に対して、本書に収録した用語は「逸脱派のパロディ版」である。そこでお願いしたいことは、新人教育や新入社員研修には問題を残すことをご承知いただきたい。中堅社員、幹部教育には大いに利用していただき、業界の多次元的見方の参考にしてもらえれば幸いである。

　冒頭にも述べたように、現在、出版業界は、一大転換期に直面している。最大の問題は読者の変質である。

モバイルですべての機能が満足させられる時代になった。活字、音楽、映像の送り手と受け手がモバイルに吸収される結果となった。この現象と、取次の変質を取り上げなければならない。寡占化の状態から独占化に移行しつつあることである。読者と共に歩む出版社、取次、書店でなければ、先はない。アマゾンやＴＳＵＴＡＹＡを追跡することが、業界の活性化であり、活力である。

本書がこうした環境の中で、どれだけお役に立てるかは不明であるが、先達者に読解され、部下に浸透されることを願うものである。また、筆者に多くの異論、意見が逆提案されることは望むところである。

読者の方々からの厳しい「異論・反論」を楽しみにしている。

２０１５年（平成27年）７月

栗田出版販売の〝民事再生法適用申請〟の報道の日に

能勢　仁

第1章

出版業界版
悪魔の辞典

出版を愛する人に贈るシニカル用語

あ

【ISBN】(あいえすびーえぬ)

大陸間弾道弾のような略称だが、それ程の機器ではない。本の本籍地を記した国際コードの名称である。雑誌用のＩＳＳＮもある。

【ICタグ】(あいしーたぐ)

商品がどこに行ったのか、どこに居てもわかるための便利な電子紙片。万引き対策には、強力な武器となる。

【アウトサイダー】

局外者、インサイダーの反対語。書協、雑協、取協、日書連に加入していない人。

【アウトソーシング】

仕事の外注を言う。下請けより聞こえがよい。

【青字】（あおじ）
二校の校正の時、初校と区別するための色文字。校正者からの疑問出しに使う。赤字が多くて、真っ青になるのは、編集者とか…。

【赤残】（あかざん）
支出と収入のバランスが崩れ、当てにしていた入金が無くなること。

【赤字】（あかじ）
校正用語の場合は、ベテランと新人で差のつく仕事をいう。経済用語の場合は、経営者の力量のバロメータである。

【赤伝】（あかでん）
無伝返品の現在、赤伝は死語になってしまった。

【赤本】（あかほん）
大学受験生が、安心のために買う参考書。交通信号は赤、黄、青だ

が、参考書は赤、青、黒である。

【悪書追放運動】（あくしょついほううんどう）

善意の読書活動。1964年都条例で「読まない、見せない、売らない」の三ないスローガンが決まった。

【芥川賞】（あくたがわしょう）

年二回行われる出版社の販売突破口。著者のルックスや作品のポルノの度が話題になったときは、意外なベストセラーになる。

【朝の読書運動】（あさのどくしょうんどう）

朝読（あさどく）ともいう。読書衰退の危機を救うために立ち上がった国民運動。子どもを中心にした読書皆読運動である。

【当字】（あてじ）

国語審議会を泣かせる字。宛字とも書く。目出度（めでたく）、団扇（う

ちわ)、田舎(いなか)など。しゃれたところでは、不如帰(ほととぎす)、百日紅(さるすべり)、紫陽花(あじさい)などある。

【宛名紙】(あてなし)

不着事故を防ぐために考えられた紙片。ちなみに「当て無し」は、目当てのないことを言う。

【あとがき】

細君、身内、編集者への献辞の文章。著者の言い訳など多種多様。

【アドヴァンス】

優越的地位を悪用して払わせる法外な前払い印税。競争相手が多いほど、法外になる。

【アニメーション】

輸出出版文化の稼ぎ頭。動画と訳し、簡単にアニメとも略す。

【アマゾン・ドットコム】
地味のよい日本に上陸して一人勝ちしている世界最大のネット書店。

【アメリカ議会図書館】（―ぎかいとしょかん）
世界最大の図書館として有名。L.C.（Library of Congress）と略す。トヨタの車と間違わぬこと。

【アンカット】
落丁本と間違えられる造本。日本人がフランス人に、無知をさらした本である。書籍の小口を化粧裁ちしない製本様式。

【アンダーライン】
本を読むときのくせの一種。古本として売るときはマイナス条件。

い

【イキ・生き】

犯罪用語ではない。誤って訂正した文字を生き返らせるための校正記号。生かすも殺すも赤ペン次第の校正者。

【委託販売】（いたくはんばい）

お金を先払いして行う実験販売。マーケティング不在で市場をいい加減に撃つので、ほとんどが無駄玉になる。ところが、日本中の多くの出版社がこの実験販売に手を貸している。「当たるも八卦当たらぬも八卦」の無責任販売を指す。

【市会】（いちかい）

購買者にメリットありと見せかけて行う販売行事。

【一時払い】（いちじばらい）

分割払いの反対語。出版社は先に代金を得たことの喜びが大きいために、債務者としての義務を忘れ勝ちになる。

【一本正味】（いっぽんしょうみ）

取次、書店の共同謀議で決められた取引条件。取次に有利か、書店に有利か誰にもわからない。

【イベント】

金儲けのためのお祭り。桜をいかに多く使うかがミソ。企画者は動員数を重視し、経営者は販売金額が関心。

【入り広告】（いりこうこく）

雑誌の利益の生命線。本誌ページの50％を超えてはならないガイドラインがある。超えると、第三種郵便物から外される。

【インキュナビュラ】

古書業者が喜ぶ揺籃期《ようらんき》（ラテン語の揺り籠《かご》の意）の活版印刷本。

【インサイダー】

アウトサイダーの反対語。中心団体に加入している人。

【印税】（いんぜい）

メーカー（出版社）が決める作家の価値。流行作家に言わせると、雑誌の原稿料はおこづかい、印税は月給、単行本はボーナス。文庫本は定期預金、選集・全集は養老年金だという。

【インセンティブ】

商人に与えられる撒《ま》き餌。

【インターネット】

エロ本業界の独占的なマーケットを打ち破った、新規参入のアダルト・メディア。なかなかの強敵でござるぞ…。

【インデックス】

横着者が使いたがる事項検索。索引や見出しのこと。

う

【ウェブ発注】（**—はっちゅう**）

人が寝ているときでも動く注文システム。ネット発注のこと。

【埋め草】（**うめくさ**）

編集者と著者の呼吸が合わないときに発生する雑文、ときたま本文よりも面白いこともある。

【売上カード（売上スリップ）】（**うりあげ—**）

書店のアリバイカード。出版社に良い子に見てもらおうとする販売証明書。ＰＯＳレジの発達で、今はカードレス時代になったので、アリバイ不成立の書店が多く発見された。皮肉な時代変化である。

【売上不振】（**うりあげふしん**）

店長が経営者に向かってよく使う弁解語。無駄な努力をカモフラー

ジュする便利な言葉。

【売上部数】（うりあげぶすう）
実際に売れている様に見せる販売部数。返品を毛嫌いする担当者が発表する部数の場合が多い。

【売行き調査】（うれゆきちょうさ）
手前味噌にデータを揃える調査。一種の自己満足調査である。現実と乖離《かいり》した調査。

【運賃】（うんちん）
取次が一喜一憂する流通条件を言う。空気を運ばないシステム構築に汲々としている。

【芸亭】（うんてい）
日本最初の公開図書館。奈良時代に大和国に建てられたとのこと。

え

【営業会議】（えいぎょうかいぎ）

自分のノルマが決まる会議。

【営業費】（えいぎょうひ）

経営者から常に圧縮を求められる販管費（販売管理費）。

【ABC公査】（エービーシーこうさ）

雑誌の元気度を裸にする調査。年二回公表されるが、自信の無い出版社は参加していない。雑誌の実力通知簿。任意参加であるが参加者が増えないことが悩み。

【エージェント】

横の文章を縦の文章に直してくれる代理店。日本語では代理人、代理業者、仲介業者などのこと。法人になるとエージェンシーと言う。

【SA】（エス・エー）
店を近代化に見せるマシン。不相応にマシンを投入して倒産した例もある。ストア・オートメーションの略。

【SCM】（エス・シー・エム）
サプライ・チェーン・マネージメント。子どもの自立心を損なわせる親のサポートシステム。面倒見は親心だが、ますます子どもは勉強しなくなる。

【M&A】（エム・アンド・エー）
乗っ取りというと聞こえが悪いので、横文字で表現しただけ。

【円本】（えんぽん）
一冊一円で全集の本が買えますよと言って、昭和初期に起こった出版ブーム。当時一円は安い価格ではなかった。ちなみに、一円で乗れるタクシーは、「円タク」と言う。

お

【奥付】（おくづけ）
本の本籍地謄本である。図書館が一番欲しがる書誌的事項。古書店を喜ばせるページで、奥付の有無で○○万円違うこともある。

【送り状（託送書）】（おくりじょう・たくそうしょ）
「確かに送りましたよ」という配達証明書。

【遅番】（おそばん）
早番の反対語。残業代を節約するために考えだされた勤務シフト。ちなみに、朝に弱い社員には好評とか？

【帯紙】（おびがみ）
腰巻とか腰帯とも呼ばれる。本の概要宣伝のために表紙に巻き付けられる誇大広告。

【折込み広告】（おりこみこうこく）

自分の広告だけは見てくれるだろうと信じて新聞に入れる広告。実際は空中よりの撒布と変わらないほど当てにならない広告。

【卸正味】（おろししょうみ）

相手によって変わる販売価格。一般的に強者には弱い。発言しなければ改善されない販売条件。

【オン・デマンド出版】（―しゅっぱん）

編集者がいなくても出来る本。著者を喜ばせる復活本の誕生である。デマンドとは、需要のこととか…。

【オンライン書店】（―しょてん）

ネットで商売する24時間営業の本屋。街の書店を脅かす存在になっている。総本山はアマゾン・ドットコムで、自分のところに在庫がないと、すぐに「品切れ」と表示する困り者。

か

【買掛け】（かいかけ）

売掛け（うりかけ）の反対語。仕入れ時に現金が要らないというメリットがあるが、長期払い、割引が要求されることが多い。

【開架式図書館】（かいかしきとしょかん）

図書館用語で閉架式（へいかしき）の反対語。これに順ずると、書店は無料の立ち読み自由の開架式商店となる。

【買切制度】（かいきりせいど）

他業界では当たり前の流通条件であるが、出版業界では、異端視されている制度である。リスクを背負わない委託制度にどっぷり漬かった人々が、いま、痛い目にあっている。異業種参入を呼んだ制度であって、彼らの進出によって伝統的書店（委託大好き人間）が駆逐されつつある。

【外商】（がいしょう）
消極的な読者に積極的に販売する商法。サービスをし、経費を掛けて配達して、その上値引きする商売。

【改装】（かいそう）
返品本の化粧直しのこと。痛んだカバーとスリップを取替え、再出荷の準備をする。店舗の化粧直しを指すこともある。非効率な投資がほとんどである。

【海賊版】（かいぞくばん）
コピー商法の元祖。成田の税関を通過しないために、海外ですくすくと成長している。「ベルヌ条約（著作権保護に関する国際的な条約）」何のそのの無断複製出版物。

【改題】（かいだい）
読み始めて初めて解《わか》る変更書名。

【改訂版】（かいていばん）
売上増を狙って行われる編集作業。初版が誤字脱字が多いために、やむを得ず版を改める場合も含むが、誤字脱字の訂正だけでなく、実質的な、変更が加えられる事を伴う。

【回転率】（かいてんりつ）
商売に熱心かどうかのバロメータ。回転率が高くなると担当者は忙しくなる。給料に反映されず、サービス残業が増える。回転率が低いと経営者から責められるが、対策はない。

【拡材】（かくざい）
欲張りが考えだす各種の販売ツール。

【学参書】（がくさんしょ）
学習参考書の略称。学生の必読書と言いたいところだが、最近では、あまり読まれなくなった。薄い学参書に人気がある。

【学習指導要領】（がくしゅうしどうようりょう）

出版業界を活性化してくれる文科省の施策。改正年は学参、辞書業界が色めく。いいことばかりではなく、学習指導要領の改訂で、実質的な国家的統制が強められる側面もある。

【掛落ち入帳】（かけおちにゅうちょう）

〝駆け落ち〟ではない。お情けの返金のこと。

【貸本屋】（かしほんや）

はやったり、すたれたりしている商売。ＧＤＰが上昇すると、廃れるのが貸本屋の宿命。流行歌風に言うと、現在は「レンタルの名前で出ています」？

【数物（古本用語）】（かずもの）

昔よく売れた本だが、その後、有り余った本のことを言う。特価本市場で、持て余し気味の本のことを指す。

【カタログ】

出版社の財産目録。絶版が多いので、この頃では作りたがらない出版社が多い。逃げ口上は〝ネットで見てください〟である。

【過着事故】（かちゃくじこ）

申告されない事故。過は不足の元を知らない人が、一度は体験する悪事。

【学校図書館法】（がっこうとしょかんほう）

昭和28年（1953年）学校図書館法が公布された。「学校には、学校図書館を設けなければならない」と小、中、高等学校に設置を義務付けた。第5条で司書教諭の配置を義務付けながらも、附則2に「当分の間、置かないことができる」という特例が設けられていた。この附則がザル法の元凶であった。当分の間が50年とは長すぎた。蛇足ながら、法律用語で「当分の間」という場合は、「次の法律的処置の取られるまで」という意味である。

【過払い】（かばらい）

入学金と同じで、一度払ったら戻って来ないお金。

【神田村取次】（かんだむらとりつぎ）

人情が飛び交う本の街、東京都千代田区神田神保町の一角に存立する本の問屋街。お互いに、いつ倒産しても不思議でない商売をしている。不動産業者に出版村が解体され、いまは見る影もない。

【官報】（かんぽう）

〝漢方〟ではない。国が発刊する法令、企業の報告などの日刊紙。写真、カラー刷りのないお役所新聞と思えばよい。紙面は、無味乾燥を絵で書いたようなもの。

【関連本】（かんれんぼん）

格好良く聞こえるが、実際は〝ドジョウ本〟のこと。柳の下の二冊目、三冊目の本のこと。

き

【企画書】（きかくしょ）

編集長を喜ばせる書類であるが、ほとんどは役に立たない。編集長を試す書類とも言われる。創造力より模倣力が問われる書類である。

【期間切れ】（きかんぎれ）

出版社が勝手に決めた賞味期限。委託期間終了のこと。

【稀覯本（古本用語）】（きこうぼん）

古書用語のレアブックを指すが、新刊業界でも、絶版（品切れ）が早く、しかも多くなると、新刊〝稀覯本〟が生まれそうである。

【季節指数】（きせつしすう）

季節の売上を示す数値であるが、惰性的な商人にとっては無関係な数値である。

【季節商品】（きせつしょうひん）
その季節にしか大事にされない商品。年中商品になることを期待されるが、なかなかそうならない商品。

【寄贈本】（きぞうぼん）
公共図書館が予算削減をカバーするために、市民に依頼する本のこと。出版社、著者が販売促進目的でヘビーマーケッターに贈る場合も多い。

【基本図書】（きほんとしょ）
何が基本なのか、その基本が分からない不思議な本の集団。選定を受けると市場を席捲《せっけん》するので、偽善者が暗躍する。良い本が追いやられ、金の力で市場を跋扈《ばっこ》する図々しい本の群れ。

【逆送品】（ぎゃくそうひん）
出戻り商品とも言う。販売競争に負けた商品。恨み骨髄の商品群。

【客単価】（きゃくたんか）
努力が報いられたときに表れる数値。熱心さに比例する効率と言われる。しかし、行過ぎると下落する数値。

【客注】（きゃくちゅう）
書店の信用が崩れることの多い商行為。書店のレベルを試す読者と書店の関係。同じ「脚注」となると、出版用語で本文の下の欄に注釈を入れることを言う。

【休刊】（きゅうかん）
意気地なしの編集長が出した結論。寿命のきた雑誌のこと。

【教科書供給】（きょうかしょきょうきゅう）
普通の出版物と異なり教科書の版元には、教科書を供給する義務がある。そのため教科書の供給は独占的に行われる。契約販売という特殊条件だが、電子教科書になると仕事が無くなる。

【行間】（ぎょうかん）
広ければ広いほど読みやすいといわれる空間。一般的には、本文の文字の大きさの2分の1程度の行間が、望ましいと言われているが、調子に乗ってやりすぎると、詩集になってしまう。

【郷土書】（きょうどしょ）
地元で大事にされなければならない出版物であるが、売れないので大事にされない本。

【教養書】（きょうようしょ）
人が一番欲しがる品性を、オブラートに包んで提供しようとする本。品性のある人は読まず、品性の無い人も読まない本。

【均一本（古本用語）】（きんいっぽん）
店頭のワゴンに乗せられた本の総称。デジタル古書店主にとっての仕入先。

【金融返品】（きんゆうへんぴん）

銀行に返品することではない。融資されないことに対する腹いせに行う返品。

く

【クラスマガジン】

マス・マガジンの反対語。読者層を絞って発行する雑誌のこと。

【グランド・オープン】

小さな店の開店でも、大型店並みに聞こえる開店。

【クレーム】

お客さまに叱られ、経営者に叱られ、退職に一直線の事故。お客さまが不機嫌のときに起こりやすい。応対者も不機嫌なときには最悪の状態となる。

【黒っぽい本（古本用語）】（くろっぽいほん）
腐らない本のことを言う。そのために古書店で大事にされる。無読書の人には無用の長物。「白っぽい本」の反対語。

け

【計画誌】（けいかくし）
大量販売誌に有利な制度。雑誌アイテムの95％が非計画誌とは、これ如何に。

【経過報告】（けいかほうこく）
偽善者が得意とする中間報告。詳しければ詳しいほど、信頼に結びつく書類。厚み理論に裏付けされたとして評価される。

【携帯小説】（けいたいしょうせつ）
本を読みたがらない人が読む小説。通信革命による作家泣かせの本。

【経費分担】（けいひぶんたん）
不公平を感ずる瞬間。ごり押しの類似語。

【景表法】（けいひょうほう）
喜ぶ人と、喜ばない人がいる矛盾した法律。正しくは、「景品表示法」（不当景品類及び不当表示防止法）のこと。

【ゲーム攻略本】（──こうりゃくぼん）
一攫千金に相応しい商品。次のソフトが発売されると、前の本は、ゲーム・オーバーとなる。ゲーム嫌いの人には哲学書よりも難解な本。

【欠本調査】（けっぽんちょうさ）
商品管理の裏返しの言葉。店のだらしなさがわかってしまうので、やらせる方とやらされる方が対立して実施される調査。

【原価計算】（げんかけいさん）

生産者と材料納品業者の価格の綱引きで原価が変化する難しい計算。

【原作者】（げんさくしゃ）
著作権法無視の海賊版横行国では、原作者はないに等しい。

【研修】（けんしゅう）
レベルアップのために行う会社ぐるみの教育。効果の出る人と出ない人があるのが悩み。無料の場合や社内講師の場合は居眠りが多い。

【原書】（げんしょ）
翻訳大国日本に文化をもたらしてくれる出版物。活字崇拝国に巣食う有難い本である。

【減数】（げんすう）
委託制度の落とし子で、業界を不信にする現象の一つ。注文冊数が知らないうちに減らされていること。

【限定出版】（げんていしゅっぱん）
人を喜ばせるために行う出版方法。読者で一番喜ぶのは古書店主。

【検品】（けんぴん）
員数調べのこと。担当者の注意力が試される作業である。

【献本】（けんぽん）
取らぬ狸をもくろむ販促に使われる本。

【言論・出版の自由】（げんろん・しゅっぱんのじゆう）
出版者に与えられた甘い言葉。憲法21条で保障されている強い権利。拡張解釈が過ぎると、プライバシー侵害、名誉毀損・人権侵害、さらには、わいせつ罪などで訴えられ、物議を醸す。

こ

【校閲】（こうえつ）
検閲（けんえつ）と間違えないこと。積極的、建設的な校正を意味する。

【公共図書館】（こうきょうとしょかん）
無料で本を貸してくれる公立の貸本屋。本が無くなったり、切り抜きが多いことでも有名。「読者を育てる森」として重要な役目がある。

【校正】（こうせい）
神様がやるべき仕事を、人間がやる、割りに合わない仕事。簡単そうに見えて、なかなか奥が深い。もう赤字を入れないことを校了と言うが、完璧な校正などない。まさに「校正畏るべし」である。

【更生会社】（こうせいかいしゃ）
民事再生法か会社更生法で、破産者を借金取立てから救ってくれる有難い救済システム。債務者の涙声で、債権者が泣きを見る社会的な痛み分け。

【合成写真】（ごうせいしゃしん）

あたかもあったかの如く見せる嘘っぱちの写真。

【公正取引委員会】（こうせいとりひきいいんかい）

再販売価格維持制度に目くじらを立てる公的機関。公取と略す。

【公貸権】（こうたいけん）

借りたら借り料を払うのが当たり前である。その当たり前のことが行われる様になった権利。正しくは、公共貸与権のこと。日本では、未確立の権利。

【小売書店】（こうりしょてん）

大売書店の反対語ではない。同一商品を同一人に大量に売る店を量販店と定義すれば、書店業界には量販店は存在しない。小売書店は小型書店でもない。要は一冊ずつ本を売る地味な書店を指す。本屋ともいう。古くは、書肆《しょし》とも呼ばれた。

【ゴールデンライン】
読者を一番喜ばせる陳列ステージ。現実にはそこに並べる商品不足が悩み。

【子会社】（**こがいしゃ**）
親不孝な子会社があると思えば、親孝行な子会社もある。最近では連結決算の目玉になっている会社もある。小さな会社という意味ではない。

【顧客管理】（**こきゃくかんり**）
お客様のえこ贔屓《ひいき》をいう。顧客の全体をみないと、顧客が店から離れる矛盾した経営手法。

【顧客満足】（**こきゃくまんぞく**）
ちっちゃなサービスのこと。やれそうでやれない接客をいう。満足した人はその店の虜になり、不満足の人は反逆者となる。

【古参社員】（こさんしゃいん）

給料が高く、生産性が低く、腰の重い社員のこと。

【腰巻】（こしまき）

読者をだます短文を書いた本に巻かれた帯のことを言う。出版社の生命線とも言われる。時々、面白くなかったらお金をお返ししますと書かれているが、履行を聞いたことはない。〝ウソッパチの帯〟とも言われる。

【国立国会図書館】（こくりつこっかいとしょかん）

日本国内で出版されたすべての本を半値で買い上げてくれる我が国唯一の国立の図書館。

【誤訳】（ごやく）

時間と経費、能力を節約すると陥りやすい病気。自覚症状が無いので発見が遅れることが多い。他の患者が発見して大騒ぎになる。

【コンサルタント】
いつでも先端をいっていると思っている古い人。批評家ぶらない批評家。

【コンテンツ】
中身の実体を指す言葉。デジタル時代になってますますコンテンツの重要性が増してきたが、盗難頻度の高いのも事実。

さ

【再校】（さいこう）
出版社側が、これが最後と思ってお願いするが、著者がそう思わない二度目の校正。

【在庫管理】（ざいこかんり）
扱う人、扱う時、扱い方によって同じ冊数が変化する不思議な管理。

【在庫情報】（ざいこじょうほう）
誰しもが知りたがる情報であるが、不正確、未公開の多い情報。

【催事】（さいじ）
資金繰りを圧迫する販売行事。

【再版】（さいはん）
出版社が性懲りもなく刷り増すこと。編集者の勲章。地方書店に出回らない商品。重版（じゅうはん）とも言う。

【再販制度】（さいはんせいど）
ブックオフの生みの親。公正取引委員会から指名手配されている犯人。正式には、再販売維持制度のこと。

【財務諸表】（ざいむしょひょう）
会社の経理診断書。一度粉飾病になると治りにくい。

【採用品】（さいようひん）

出版社の甘言に乗せられて流通する商品。代金決済が不明瞭になることが多いと言われる。

【サイン会】（――かい）

作家育成、商店街活性化、売名などで行われる。営業部が積極的で、編集部が消極的な矛盾した販売促進行事。

【索引】（さくいん）

横着者が利用したがる検索手段。

【昨年対比】（さくねんたいひ）

比べることの好きな人が考えた経営指標。昨対と略す。

【座談会】（ざだんかい）

雑誌が売れなくなると利用される記事作成の一方法。京都特集、パ

リ特集は定番である。ちなみに、二人で行うのが対談、三人で行うのが鼎談《ていだん》、三人以上が座談会とか。

【雑高書低】（ざっこうしょてい）

出版業界の気圧配置をいう。気象庁によれば高気圧に覆われることはないという。現在の雑低書低を浮上させてくれる救世主には業界から賞金がでるとか…。

【参考文献】（さんこうぶんけん）

引用を隠したがる著者には無縁なもの。反対に「これだけの本を読みましたよ」と示威する著者が掲げる資料明細。

【サン・ジョルディの日】（―ひ）

バラの花が安く買える日。ただし、スペインのお話。4月23日、カタルーニャ地方では、この日、愛する女性に「赤いバラ」の花を贈り、男性には「本」を贈る風習があるとのこと。

【三八つ広告】（さんやつこうこく）

自己満足の広告スペース。費用対効果のアンバランスに二度びっくり。新聞の下に３段分のスペースで八つの書籍広告を入れること。

し

【CVS】（しー・ぶい・えす）

便利屋さんと言われるコンビニ店（コンビニエンス・ストア）のこと。

【栞】（しおり）

読書の進行係り。栞が無かった時、頁の端を折って目印にしたという。枝折りとも書く。英語だとブックマーク。

【仕掛け販売】（しかけはんばい）

お客様の目を向けさせる誘導販売戦略。出版社が書店に仕掛ける場合もある。アイディアがないと陳腐に見える催事である。

【直取引】（じかとりひき）
自己主張できる仕入方法。こっそり行われることが多い。

【事故伝】（じこでん）
言い訳を相手に伝える書類。書店がラブレター以上に待つ返事。

【自社配】（じしゃはい）
配る側の都合で決められる自動車便のこと。流通の歴史は運賃の歴史なので、虐げられた話も多い。

【司書】（ししょ）
主たる勤務先は図書館であるが、行政職でないために出世が遅い。

【私小説】（ししょうせつ）
自分の家族関係や恋愛事情などを赤裸々に語った、とても恥ずかしいスキャンダラスな暴露本。

【市場調査】（しじょうちょうさ）
誰がやっても、わけのわからない結果しか出ない。結果をどう使ったらよいかこれもわからない。

【執行役員】（しっこうやくいん）
会社役員のスリム化のため生まれた都合のいい役職。特定部署の業務を執行する。会社法上の〝取締役〟ではない。

【実用書】（じつようしょ）
一般的にはハウツー本を指すが、実用に供しない本は無いのであるから、出版物はすべて実用書と言える。

【指定配本】（していはいほん）
理に適ったように見せかけた配本。差別の実践のための配本。特定店に限りなく潤沢に、ほとんどの非指定店が泣きをみる配本システム。

【自動発注】（じどうはっちゅう）

機械任せの発注方法で、担当者のやる気を殺ぐ注文システムである。知らないうちに在庫が増えるので、経営者、経理担当者が泣かされることが往々にしてある。

【品切れ】（しなぎれ）

出版社の都合で商品を絶やすこと。絶版の隠れ蓑。

【品止め】（しなとめ）

死刑宣告と同じ。廃業近しの前触れか。

【老舗】（しにせ）

時代を読み取らない、倒産に向かって進む店。由緒正しい古い店。

【自費出版】（じひしゅっぱん）

一億総著者に乗せられ、出版ブローカーの甘言に乗ってできた自己

満足本。読者は著者と印刷者二人だけと言われる。

【紙魚】（しみ）
本を主食とする、書庫・倉庫に棲息する9～10ミリの虫。しみったれとは関係ない。

【社史】（しゃし）
実力以上に書かれることの多い会社の履歴本。配ってもあまり読まれない本。社長室の必備書。

【JASRAC】（ジャスラック）
泣く子も黙る日本音楽著作権協会である。作詞、作曲家の著作権は、かくして守られた。

【シャッター通り】（―どおり）
昔ここに老舗ありきの商店街。商店街を襲う伝染性脱力症候群。新

薬の目途はない。

【車内広告】（しゃないこうこく）
読者を、読んだ気にしてしまう出版広告。

【自由価格本】（じゆうかかくほん）
公正取引委員会から優等賞をもらった本。読者が喜んで、書店が喜ばない本。

【週刊誌】（しゅうかんし）
毎日発生する社会ネタで、生きている雑誌。リサイクル予備軍誌。

【重版】（じゅうはん）
出版社が著者に言いたがらない秘め事。

【集品】（しゅうひん）

業界未分化の作業を指す。注文品を出版社から取り寄せること。

【熟読】（じゅくどく）
読んだつもり、わかったつもりの読書法。速読の反対語。眠気催眠読書法という人もいる。

【出向】（しゅっこう）
将来が約束されていない職場配転。

【出店】（しゅってん）
経営の元気度のバロメーター。経理が嘆き、営業が喜ぶ社内不一致の現象。

【出版社目録】（しゅっぱんしゃもくろく）
各出版社が毎年発行する版元著作財産目録。読者にとっては暇つぶしにはもってこいのタダの読み物。

【出版販売倫理綱領】（しゅっぱんはんばいりんりこうりょう）

日本書店商業組合連合会が「われわれ書店人は青少年の健全育成に配慮する」（有害な不良出版物は売りません）と誓った文章。堅く言えば書店人の憲法である。

【出版倫理綱領】（しゅっぱんりんりこうりょう）

日本書籍協会、日本雑誌協会が連名で、「われわれは、低俗な趣味に迎合して文化水準の向上を妨げる出版は行わない」（エロ本は作りません）と誓った文章。堅く言えば出版人の憲法である。

【巡回販売】（じゅんかいはんばい）

買う気のない人の所に交替で訪問して、押し売りを続ける行為。

【上製本】（じょうせいほん）

並製本の反対語。うわべだけが頑丈に出来た本で、中身は並製本と同じだが、いわゆるハードカバーの本のこと。

【常備カード】（じょうびかーど）
出版社と書店の連絡カード。連絡の多い書店ほど褒められる。

【常備寄託】（じょうびきたく）
出版社が考えた書店への貸本制度。通常、一年間は、書店に預ける。売れ残り商品とも知らず、書店は販売するため一生懸命に精を出す。勝手に早くこの仕事を止めると大目玉を食う。

【商品構成】（しょうひんこうせい）
金太郎飴の時流に乗った方が勝ちの品揃えをいう。

【正味】（しょうみ）
天災地変、政変、革命があっても変わらぬ取次の聖域的、不文律。１９７４年のブック戦争のとき、出版社と書店が綱引きをしたことがあった。勝敗がつきにくい時、取次が中に入り、行司決済でけりが付いたが、取次も漁夫の利を得てマージンアップを勝ち取った？

【賞与】（しょうよ）

会社の懐具合で出される不安定なお手当て。

【諸掛り】（しょがかり）

わけのわからない支払科目。仕入原価のほか、商品が手元に入るまでの雑多な費用のこと。

【職域販売】（しょくいきはんばい）

昼休みに職場を賑わす販売方法の一種。

【諸口】（しょくち）

知らないうちに差し引かれている会計勘定。

【書見台】（しょけんだい）

横着者が使用する読書サポート機器。副作用として眠気を催すので、長時間使用は一考を要する。

【書庫】（しょこ）
自己の知的財産を鼓舞する所。利用よりも保存が優先され、他人に見せるための建物になっている。

【初校】（しょこう）
初めて本を書く人が熱心にやる仕事。本が出来上がる前の著者と出版社のやりとり。赤入れとも言うが、本気になって多く赤を入れると、編集者にいやな顔をされる。

【書斎】（しょさい）
家族から独立したがる人の隠れ家。書斎派病の罹病《りびょう》率は男の方が多い。

【書肆】（しょし）
江戸語ではないが、今はあまり使われない。読めないから使わないのが本音。書店というより書肆といった方が高尚に聞こえる。

【ショタレ】

商品管理の鏡に映し出された〝返品不能〟になった商品。有るようで無いのが現金、無いようであるのがショタレ。語源は〝背負い倒れ〟である。

【書痴】（しょち）

本を愛する変態者を指す。書物の収集家、ビブリオマニアと言えばしゃれて聞こえる。

【書店】（しょてん）

本を無料で見せる店。携帯電話で写すサービスもある。買わないで長くいるとハタキで追い出される。

【書店経営白書】（しょてんけいえいはくしょ）

小売書店の涙の告白である。働けど働けど我が経営、楽にならざりき。払えども払えども帳尻の増えゆくばかりなり。

【書店の店長】（しょてんのてんちょう）

なぜか急にやめてしまったり、急な休みが多いパートの代わりにレジ作業を行うなど頭より肉体を駆使する労働に勤しむ激務の管理職。予算に追われ、人事で悩み、そして肉体労働に疲れて、大半は腰痛や胃潰瘍、眼性疲労、手の皮膚炎という職業病を抱えている。

【書店のパート】（しょてんのぱーと）

知的で楽な職場と勘違いする人があとを断たないが、実際は土建業界や運送業界と同じきつい肉体労働の職種。

【初版】（しょはん）

出版社に利益をもたらさない出版のこと。売れている本か、売れていない本か、見極める数字。

【書評】（しょひょう）

一部の読者を対象にした、偉そうな文章のかたまり。出版業界だけ

に存在する販売促進薬。薬効は年々低下している。

【序文】（じょぶん）

著者が本の冒頭に自己ＰＲする文章。

【白っぽい本（古本用語）】（しろっぽいほん）

黒っぽい本の反対語。浮薄な本、価値の薄い本の代名詞。ミーハー族にもてはやされる本。

【新古書】（しんこしょ）

新刊書と古本の間の子。本の中身よりも体裁、美醜が大事にされる一群。ネット古書店の仕入源になっている。

【新書】（しんしょ）

新しい本って何のこと？　新刊書は全部〝新書〟ではないか。新書ブームなんていうと、新刊業界は景気が良いように思われてしまう。

【信認金】（しんにんきん）
人を信用しない証の現金。優越的地位にある人に差し出す、血も涙もない契約金をいう。

す

【推薦図書】（すいせんとしょ）
推薦者不明のことがある不思議な本。選定図書と同じく統制本の一種である。

【図鑑】（ずかん）
絵・イラストや写真を中心にした本なので、子どもでも大人でも好んで見る本の総称。

【スタンド販売】（すたんどはんばい）
住所不定の場所で販売すること。

【ストック】
担当者が欲しがり、経営者が嫌うもの。過剰在庫の別名である。出版社から見ると返品予備軍。

【スピン】
どこまで読んだかを示すひも。紙製の〝栞《しおり》〟より、ひもの方が高いので、現在はスピンの無い本が主流。

【座り読み】（すわりよみ）
長時間読書に耐えられる読書スタイル。枯れ木も賑わいの書店風景。中国の書店では、床への座り込み風景は、お馴染み。

せ

【正社員】（せいしゃいん）
同じ仕事をしても高い給料の社員。パート社員、契約社員が羨望す

る社員のこと。

【正常ルート】（せいじょうるーと）
「出版社～取次～書店」と流れる出版流通の主流経路。目下、衰退の一途を歩んでいる。他の販売ルートを不正常ルートとは呼ばない。

【精読】（せいどく）
編集者以上に本を読み込むこと。遅読と紙一重。

【政府刊行物】（せいふかんこうぶつ）
政府が発行する本であるが、無料ではない。印刷は財務省が担当している。〝お札〟同様有難いものかもしれない。

【世界本の日】（せかいほんのひ）
あまり知られていない業界の日。１９９５年ユネスコ総会で決められた４月23日であるが祝日ではない。サン・ジョルディの日でもある。

【責了・責任校了】（せきりょう・せきにんこうりょう）

あとは「おまかせください」と言われた最終校正。責了になった校正紙には、一切手を入れることの出来ないのが通例。

【責任販売制】（せきにんはんばいせい）

無責任販売制を揶揄して生まれた販売方法。

【接客】（せっきゃく）

お客様の財布を開かせる技。コツは笑顔だといわれているが、虫の居所の悪いお客には通じない。

【セット販売】（せっとはんばい）

セットを家具と認識する読者が多い。そこで本を家具同様に置物として売る販売方法。しかしセット商品の言葉自体が死語に近い。

【絶版】（ぜっぱん）

出版社が「この本はもう作りません」という宣言。作らない基準は特にない。出版社の気分次第で決まる。出版社の多くが、絶版という言葉を嫌い〝品切れ〟と称するとか。

【せどり屋（古本用語）】（―や）

他人の褌《ふんどし》で商いをする人。他店の在庫をあてにして、仕入れ、販売する自己中心的な商売をする店。最近では、新古書店で〝せどり〟をしている本屋さんもあるとか？

【全集】（ぜんしゅう）

作家、著作家が願う今生の願望作品。売れた話はあまり聞かない書籍群。禅宗のことではない。

【選択常備】（せんたくじょうび）

出版社と小売間で決めた、外見上体裁のよい販売条件。選択という美名に隠された裏取引。

【選定図書】（せんていとしょ）
とにかく選定しなければならないので、選定された本。一種の統制本である。

【専門書】（せんもんしょ）
売れない小難しい本の代名詞。後ろにオンデマンドが迫っている本。

そ

【増刊号】（ぞうかんごう）
大穴狙いのギャンブル号。編集長の欲張りが発揮された雑誌。

【創刊誌】（そうかんし）
出版社の存在感を示す雑誌。三号もつかどうか最初から心配…。

【総合誌】（そうごうし）

先細り誌とも言われる雑誌。インテリに一番批判される雑誌。

【蔵書印】（ぞうしょいん）

欲の強い人が押したがる大型の判子。本を汚すので古書店では歓迎されない。ただし、有名人の場合は、古書価が倍増する。

【装丁】（そうてい）

本の顔。美人顔もあれば、泥臭い顔もある。著者は大事にされるが、多くの装丁家は蚊帳の外である。

【造本家】（ぞうほんか）

今まで、忘れられがちだった本の設計屋さん。今は日本図書設計協会ができたので、市民権を得た。

【添本】（そえほん）

〝よろしくどうぞ〟と渡されるおまけの本。

【速読】（そくどく）
内容の理解よりも、ページをめくることを優先する読書法。

【即売】（そくばい）
直訳するとインスタント販売。戸板販売と同義語。人混みの中で売るのがミソ。

【即返品】（そくへんぴん）
ジェット返品とも言う。発売日に返品された商品は、日陰商品となり陽の目を見ることはない。

【速報】（そくほう）
発注促進が役目の雑誌であるが、反応はほとんど無いと言われる。

【損益計算書】（そんえきけいさんしょ）
決算期にしめされる損したのか得したのかを難しく書いた書類。一

般にＰＬと表されるが、ＰＬ学園とは関係がない。

た

【貸借対照表】（たいしゃくたいしょうひょう）
会社のレントゲン写真。バランスシート、略称 B/S とも呼ばれる。

【大衆誌】（たいしゅうし）
警察の査察を恐れている雑誌。

【退職金】（たいしょくきん）
会社から渡される手切れ金。

【建場（古本用語）】（たてば）
古書店の掘り出し商品の宝庫の場所。ちり紙交換の集積される所。旧家の多い地域には掘り出し本が出る建場があると言われる。

【棚卸】（**たなおろし**）
棚から本を下ろすと思っている人がいる。決算を左右する重量秤。粉飾決算の隠し球によく使われる。

【棚差し】（**たなざし**）
書店の古典的陳列風景。年寄りに喜ばれ、若者に嫌われる本の陳列。

【タレ本】（**たれほん**）
タレントのタレなのか、ジャリタレのタレなのか不明。浮薄読書をリードする出版物。売上貢献度は高い。

【段階正味】（**だんかいしょうみ**）
本の種類によって差別される儲け話。

【単行本】（**たんこうぼん**）
女子高校生のほとんどは、文庫本のことと思っている本のサイズ。

それだけを単独に刊行することから、その名がある。

【単品管理】（たんぴんかんり）

コンピュータに任せっぱなしの販売管理。担当者を甘やかす管理方法なので将来が心配されている。出版業界が電算業界に貢いでいる一面もある。

ち

【チェーン店】（―てん）

数にものを言わせて近隣店を食い荒らす。ある日突然できている店。反対に知らぬ間に消える店もある。

【知的所有権】（ちてきしょゆうけん）

物書きが生活をかけて戦う権利。一部の国では不在の国もある。こうなると無敵所有権となる。

【注文】（ちゅうもん）

返品できるからといって、余計に発注する悪い商習慣。希望する冊数が入荷せず、頼まない本が大量入荷するのが通常の注文スタイル。仕入を勉強しない業界に、今、お灸が据えられている。

【注文短冊】（ちゅうもんたんざく）

書店現場で原型をなす注文形態。アナログな書店にとっては貴重なビジネスレターである。しかし取次が一番嫌い、軽視、蔑視しているスタイルの注文形式。

【帳合】（ちょうあい）

江戸時代から存在する本屋業界の問屋のこと。取引先の問屋を指す言葉であるが、帳合渡り鳥が多いことは嘆かわしいことである。

【超過運賃制】（ちょうかうんちんせい）

出版社が問屋から請求されるお灸。重さだけでなく、大きさでも、

変形でもお灸を据えられる。豆本はさて？

【長期委託】（ちょうきいたく）

長く実験販売してくださいという、出版社の虫のよい販売方法。この戦略に乗せられる書店も考えが甘い。

【長期経営計画】（ちょうきけいえいけいかく）

〝先のことはわかりませんよ〟として書かれた絵にかいた餅。

【帳尻】（ちょうじり）

お尻に貼る絆創膏《ばんそうこう》。小さい方がよい。大きくなると重大事になる危険性がある。

【調整】（ちょうせい）

注文した本の冊数が減数されること。調整の連続でつぶれた書店もあるとか。

【著作権】（ちょさくけん）

著者の生命線。死後50年間続く家族の生命・財産を守る権利。

【著者買上げ】（ちょしゃかいあげ）

刷り部数の中に、最初から予定されているありがたい売上。印税控除項目。著者献本の反対語。

【陳ビラ】（ちんびら）

本を売るときのホットライン。メモ用紙に変わることもある。

【通信販売】（つうしんはんばい）

カタログが生命線の販売方法。顔の見えないお客様を相手にするので、つい過剰表現になるのが難点。

【束見本】（つかみほん）

本の厚みを計るため、本が出版される前に作られるダミー本。

【付き物】（つきもの）
付録のことではない。本の付属品（カバー、スリップなど）のことを指す。返品された本が、化粧直しをして再登場する際に必要である。

【積読】（つんどく）
自己弁護のための読書法。「積んで置く」と「読書」を掛けた造成語。

て

【定価】（ていか）
出版社が読者の顔を見て決める価格。どんなに売れても下がらない不思議な価値。本来は、本体価格のことだが、消費税導入の折、定価とは「本体価格＋税」とされた。

【定款】（ていかん）
都合よく拡張解釈できる会社の決めごと。

【定期改正】（ていきかいせい）

需要と供給をマッチするために考えられた制度。しかし発信者の意図が無視されることが多く、制度が形骸化している。

【定期購読者】（ていきこうどくしゃ）

生真面目な読者の総称。売る側から感謝されず、損なタイプの読者。

【定年】（ていねん）

人生の曲がり角。これからどうしようかと考える年。

【定番商品】（ていばんしょうひん）

消費者と店側で乖離《かいり》した商品。取次が考えた、売れそうに見える商品の一群。選択基準は不明である。この商品を有難がる書店もあるが、読者は金太郎飴商品だと思っている。

【適正配本】（てきせいはいほん）

絵にかいた餅。何が適正か誰にもわからない。

【電子辞書】（でんしじしょ）

紙の本を蹴散らした唯一の電子ブック。通学時の肉体的負担を軽減させたお利口さんだが、高い場所から落下させてしまうと紙の辞書ほど丈夫ではない。

【電子出版】（でんししゅっぱん）

売れそうで売れない本の出版。電子書籍の登場で、普通の本は、「紙の本」と称されるようになった。

【店長会議】（てんちょうかいぎ）

時間の経つのが遅い一日。経営者と目を合わせないのがコツ。

【店売】（てんばい）

積極的な読者に、消極的な販売をする場所と方法。客待ち商法を地

でいくことを店売という。四分の三は客待ち時間であるから、四分の一の労働で給料をもらう止められない仕事。

【東京国際ブックフェア】（とうきょうこくさいぶっくふぇあ）

洋書を扱う地方の書店がそのバーゲン本を大量に仕入れに来る、一年に一度の貴重なブックフェア。略称はＴＩＢＦ。

【当座比率】（とうざひりつ）

今日生きていけるのか決定される資金繰りの指標。現金の現在有り高の実態を示すもの。

【倒産】（とうさん）

恥ずかしいことでは無くなった企業の終焉。日常化した企業経営の終点。

【ＴＯＥＩＣ】（トーイック）

世の中は英語がすべてと考えている人のための資格試験。日本語で表すと、国際コミュニケーション英語能力テストのこと。英語を母語としない人のための英語によるコミュニケーション能力を検定。

【特運】（とくうん）
モータリゼーション以前に大手を振って歩いていた「国鉄輸送特別承認雑誌制度」の略。今は車と第三種君に追われた運命にある。

【読者】（どくしゃ）
出版界を支えてくれている人。買わない人でも書店にいる限り読者である。よく買う読者は文句を言わず、たまに買う読者ほど、文句を言うとのこと。

【読書カード】（どくしゃかーど）
読者と出版社を結ぶビジネスレターである。切手が貼ってないので返信は期待できない。

【読書会】（どくしょかい）

同じ穴のむじなの読書人の集い。自己満足度の強い人の集まり。

【読書感想文】（どくしょかんそうぶん）

毎年、夏休みに行われる国民的読書行事。全く同じ感想文が毎年発見されるという。犯人は解説文であった。国民的行事も衰退傾向にある。個人行事を望む人が多くなった。

【読書空間】（どくしょくうかん）

本の読める場所を指す。電車内、トイレ、バス、停留所など所構わず読むのが日本人の特色。

【読書週間】（どくしょしゅうかん）

本の売れない秋、出版界が考えついた売書週間。ゴンべんの無い読書である。11月3日の「文化の日」を中心に二週間もあるのに、週間とはこれいかに。

【読書習慣】（どくしょしゅうかん）

生活習慣病の一種である。身体の苦痛は訴えないが、罹病者は快楽の追及に余念がない。

【読書論】（どくしょろん）

本の読み方について偉ぶって書かれた本。中でも古典派読書論は若者に最も敬遠されている。

【読破】（どくは）

快感の一瞬。本人は次の山の征服を目指す準備をする。それも快楽であり、読破の余韻である。

【特約店制度】（とくやくてんせいど）

他業界を真似たできもしない販売制度。出版社が特定の書店を選び、特約契約を結ぶことを指すが、出版社の思惑が伝わらない販売システムになるので、読者が迷惑する。

【図書券・図書カード】（としょけん・としょかーど）

カード時代になり、紙からカードになった。図書カードはプレミアムの付かないプリペイドカードと陰口されている。図書券はまだま だ机の引き出しに相当あるはず。

【特価】（とっか）

特別期間価格の略称。出版社の勝手で決められる都合のよい価格。狙いは早く買わせるため。

【飛ばし読み】（とばしよみ）

版面をスキップしながら読む読書法。速読に触発されて、流行になりつつある読書。

【虎の巻】（とらのまき）

優秀な学生ほど使った学習参考書。今は死語になりつつある。古代中国の兵法書の極意が書かれた巻物の名前からその名が生まれた。

【取次】（とりつぎ）
出版社の重版に無関心な問屋、書店の開店に熱心で、閉店に冷静な問屋。昨今は、販売会社とも言う。

【取物】（とりもの）
捕り物帖からきている出版用語。本を追いかけ、捕まえることを言う。現代語では集品と同義語。

【ドリル】
与える人が関心があって、与えられる人が無関心な本。知能開発商材と勘違いしている母親の愛情がこの本を買うことによって始まる。

な

【内容見本】（ないようみほん）
あること無いこと拡大解釈して、大きく見せようとする本の設計図。

【中綴じ】（なかとじ）
週刊誌に見られる製本様式。緊急原稿を差し込める便利な製本仕様。

【二八の法則】（にはちのほうそく）
20％の不良在庫で、資金繰りの80％を悪くさせる法則。20％の不良社員で、失態の80％を作る。気がつかないとその比率は上昇する。

【日本出版配給株式会社】（にほんしゅっぱんはいきゅうかぶしきがいしゃ）
戦前の独占的な出版物の配給機関。配給という表現が、品薄社会の流通を物語っている。この機関は略して〝日配〟といわれた。

【日本十進分類法】（にほんじゅっしんぶんるいほう）
何でも十に分けてしまう不思議な方法を本にしたもの。十にならない時や、余る時には、雑でまとめてしまう都合のよい本。

【入金率】（にゅうきんりつ）

会社の経営状態のバロメーターを示す数値。入金率が悪いと縁の切れ目になることが往々にしてある。支払い者の健康を左右する重要な数値。

【入帳】（にゅうちょう）
商品の貸し借りの決済のこと。書店が取次に返品した際、確かに受け取りましたという証を入帳という。入帳時期、入帳条件は取次の言いなりなので、書店の不安度は高い。書店の資金繰りに打撃を与える経済行為。一番恐ろしいことは、入帳漏れと、返した本が行方不明になること。

【入帳不能】（にゅうちょうふのう）
返品不能と同義語。一冊の本が紙くずになる瞬間。

【任意整理】（にんいせいり）
倒産を回避する一方法。八方美人対応なので、この方法で倒産に至

る会社が多い。

ね

ネット書店（ねっとしょてん）
近頃、めっぽう元気のいい書店。ネット書店だけに読者を一網打尽にする。Ｗｅｂ（ウェブ）書店ともいう。

【年中無休】（ねんじゅうむきゅう）
会社にやさしく、現場に厳しい時間管理。電力会社から優良企業所として表彰を受けることがある。

の

【納本制度】（のうほんせいど）
出版物の収集、保存、利用、サービスのために国家（国立国会図書館）

が買い上げてくれる制度。納本というので寄贈と思いきや、定価の半値で買ってくれる。

【延勘】（のべかん）

延べ勘定。売買の精算勘定を延ばすこと。売る側は数え年齢で数え、買う側は満年齢で数えるから、支払い時期でトラブルを起こす。

は

【バーコード】

他業界に刺激されてやっと付けられた本の戸籍簿。ブックデザイナーからは、ぼろくそに言われた経緯がある。

【ハードカバー】

ソフトカバーの反対語。頑丈に作られたコスト高の上製本のこと。並製本を上製本にすると、いかにも立派に見えて来る。

【パートタイマー】

人件費率を低くしてくれる労働戦力。書店を支えてくれる欠かせない戦力であり、使用者側にとって効率的な労働資源である。

【廃刊】（はいかん）

やる気を失ってしまった結果の結末。誕生パーティは派手に行うが、葬式をしないのが出版界の通例。

【配本】（はいほん）

不平等の権化の販売システム。取次は合法といい、書店は不法といい、メーカーは一任とそっぽを向く、やり場のないインフラである。

【派遣社員】（はけんしゃいん）

日替わりで職場の変わる人の総称。出版社から出向させられる人。

【はしがき】

著者の武者震いによる檄文。本の効能書きもある。

【パズル誌】（—し）
投稿することによって生活費が稼げる有難い雑誌。女性愛好家が多いと思いきや高齢男性が増えてきたという。

【パターン配本】（—はいほん）
取次が考案した都合のよい配本システム。定量と定質をごっちゃにした理論なので、矛盾に満ちている。

【裸正味】（はだかしょうみ）
儲《もう》けのない商売。やりたくない商取引のひとつ。

【発禁本】（はっきんぼん）
出来あがった本が世に出せない本。すでに出た本を引っ込めなさいと命令された本。発禁の基準は文化権力行使者によって左右される。

【バックナンバー】

売れ残った雑誌の一群。死刑宣告を待たされているものもある。敗者復活戦で勝ち残った商品もある。

【発行部数】（はっこうぶすう）

人の顔を見て言われる部数。翌月の調査で減ることもある不思議な数字。著者には秘密の数字でもある。

【発売日】（はつばいび）

勝手に決められた発売協定。遅くても早くても責められる自縛協定。

【パブリシティ】

無料でできる公共広告。こちらから仕掛けると逃げていく広告。

【早売り】（はやうり）

フライング商法である。二度しても失格しないので常習者が生まれ

てしまう。取り締まりの方法がないという。

【番線】（ばんせん）
書店を列車に見立てた取次の書店配置路線図。大書店と小書店では走る路線が異なる。弱小路線ではベストセラーは運ばない。

【ハンディターミナル】
少しでも仕事を楽にしてくれる打ち出の小槌のようなマシン。

【搬入】（はんにゅう）
月末の資金繰りのための納品業務。改善されない業界の悪弊の一つ。

ひ

【B本】（びーほん）
公正取引委員会が開発した本。出版社の憂さの捌《は》け口。バーゲン・

ブックの略で、本の下側小口にBの印を押すことから出た名前。

【ビジネス書】（―しょ）

書名と中身が往々にして違う本。ビジネスマンが読むのか、ビジネスをしている人が読むのか不明。

【ビブリオマニア】

書物愛が強いために、遂に放蕩に追いついてしまった人（愛書家）。

【美本】（びほん）

汚損本の反対語。ブックオフが本を買い入れる際の基準。

【表紙返品】（ひょうしへんぴん）

一部の人しか知らない返品方法。雑誌の表紙だけを返品すること。

【平台】（ひらだい）

読者に買う気を起こさせる化粧台的売場。買う気をそそる演出は、出版社と書店の共同で行われる。賢い読者はこれには乗らない。

【平積み】（ひらつみ）
出版社の思惑に乗せられた大量陳列。大量返品の元凶とも言われる。手元現金が減っているのに気づかない経営者が多い。

ふ

【複合店】（ふくごうてん）
書店経営は「ＪＦＫ（情報・複合・系列）」と言われる。現在の複合は自己都合による物まね商法。扱い商品で右往左往する店が多い。

【フェア】
返品を考えない人が行う販売催事。お祭りは、賑やかな方がいいと、テーマごとの多種類の本を集める商法。

【普通委託】（ふつういたく）
委託販売を合法化しようとして無理に作った制度。委託には普通も特殊もないことに気付かないことが不思議。出版社と書店の持たれあいの一場面。

【ブックカバー】
装丁家を悲しませる紙。世界に冠たる日本的悪弊。外国人が不思議がる習慣。ブックカバーをかける側の論理によると、①店の宣伝、②万引き予防、③アイデンティティの高揚とか？

【ブックスタート】
こどもが生まれると自治体が本をくださる制度。現金、金券ではないので、好きな本が買えないのが難点。

【ブックスタンド】
ロードサイドで安直に本が買える店。無人なので、普段は恥ずかし

くて買えない本が自由に買える楽園。

【ブックデザイン】

本を美しくみせる行為。天敵はブックカバーである。ブックデザイナーは報いられることは少ない。ベストセラーになっても収入にはならないから。

【ブックフェア】

集団心理を利用した本のPR、見本市、展示会である。世界一のブックフェアはドイツのフランクフルトブックフェアである。日本に東京国際ブックフェア(TIBF)があるが、国際というには少々寂しい。

【歩戻し】(ぶもどし)

取次が書店にぶら下げる人参。割戻しの一種のリベートのこと。えこ贔屓《ひいき》、不平等が多いので不人気。

【フランチャイズシステム】

独立に自信のない人が参加する、本部だけが儲かる経営システム。

【フリーター】

一体これで、どれだけの人が本当に生活できるのか疑問な職業。しかし社会的体裁はよい。

【不良品】（ふりょうひん）

神聖な本も時として壊れることがある。欠陥商品の総称。

【付録】（ふろく）

人の眼を楽しませるが、感動を与えないグッズ。本体よりも出しゃばりな性格の付属品。

へ

【閉架式図書館】（へいかしきとしょかん）

開架式の反対語。国会図書館に見られるように書架が外部からの利用者に公開されていない図書館のこと。

【ペーパーバック】

本は紙で出来ているので、当たり前のことを当たり前に言っただけの業界用語。日本流に言うと並製本（仮製本）のことだが、表紙が石で出来ていれば、ストーンバックというだろうか？

【ベストセラー】

業界を潤してくれる商品。しかし中小書店には流通しない商品。出版社が目くじらをたてて探す商品。

【ベルヌ条約】（－じょうやく）

わが国が加盟したのは１８９９年（明治32年）と古い。しかし古いから良いというものでもない。著作権に関する国際条約であるから、

相手国が加盟していないとザル法に等しい。

【編集後記】（へんしゅうこうき）
仕事が終わって、ほっとしたときに編集者が書く文章。雑誌の後ろにあるので後記というが、たまに編集前記を見ることがある。

【編集者】（へんしゅうしゃ）
物事を正面から見ない人。枯渇する創造力を、模倣性でカバーする人。夜にならないとエンジンのかからない人の代名詞。

【編集長】（へんしゅうちょう）
昼と夜を取り違えた集団を率いる人。

【返条付き買切】（へんじょうつきかいきり）
出版社と書店のだましあいの流通条件を言う。委託にどっぷり漬かった書店を、さらに我儘《わがまま》にした制度。返品出来るという腰の引け

た販売なので、成功率が低い。

【ペンネーム】

作家の売れない時代の名前。一人で多くのネームをもつ人ほど、売れてから苦労する。

【返品】（へんぴん）

出版業界の癌といわれるが、治療薬は発明されていない。

【返品不能品】（へんぴんふのうひん）

出版社と書店の綱引きで、書店側が負けて手元に残った商品。委託制度下では、一定委託期間が過ぎた商品は、返品入帳できないのが原則。しばしば「特別返品了承願い」が出版社に送られてくる。

【返品率】（へんぴんりつ）

入金率と共に書店経営者が嫌う言葉。

ほ

【報奨金】（ほうしょうきん）

自社の資金繰りをよくするために取次が行う、書店向け人参。取引は個々という言い訳で、えこ贔屓《ひいき》書店を膨らませる策略に使う。

【補充注文スリップ】（ほじゅうちゅうもんすりっぷ）

回転を重視する商人が、親以上に大事にするビジネスカード。昭和初期、円本の時代から利用されている、古典的な注文形態。

【POS】（ポス）

販売データをまとめる天才。デメリットとしてＰＯＳの出現によって商人が考えなくなった。

【POP】（ポップ）

無言のセールスマンといわれる紙片。ＰＯＰが普及したために書店

員が無言になってしまった。

【本の国体】（ほんのこくたい）

本の持ち回り国体だったが、トップランナーの鳥取県一県だけで終わってしまった。これでは〝本の単体〟である。だがその精神は、地方での読書推進や出版活動の振興を図る読者運動として受け継がれている。

【翻訳者】（ほんやくしゃ）

横の文章を、縦の文章に書き換える人。異文化創造者と言えるが、中には翻訳工場の見習工が制作するものもあるので、要注意。

【本屋大賞】（ほんやたいしょう）

書店現場の若者が開発した書店版芥川賞。２００４年（平成16年）に設立された本屋大賞実行委員会が運営する文学賞のこと。一般の文学賞とは異なり「新刊を扱う本屋の店員」の投票によって受賞作品が決定されるのがミソ。感動小説傾向に偏っているとのウワサあり。

ま

【マージン】
商売の生命線である利益幅のこと。

【まえがき】
本文の前にあるからまえがき。はしがきとも言う。あとがきの反対語。

【増し刷り】（ましずり）
利益を追求するために、出版社が目を吊り上げて行う印刷。

【マジックミラー】
書店に取り付けられた、人権すれすれの防犯ミラー。

【マスマガジン】
クラスマガジンの反対語。売れていると錯覚する雑誌のこと。

【豆本】（まめほん）
袖珍本、掌中本よりもっと小さい本を言う。しかし価格は大きい。マニア間だけのマーケットで流通は成立している。流通も豆である。

【マンガ喫茶】（まんがきっさ）
24時間営業しているので簡易宿泊に利用される店。営業マンの隠れ家の役目を果たすこともある。

【まんじゅう本（古本用語）】（—ぼん）
葬式まんじゅうが多くの人に配られることから発した言葉。大量にまかれた本で上質の本ではない代名詞。

【万引き】（まんびき）
一番寛大に扱われる刑法犯。実際は立派な窃盗罪ですぞ。書店が必ず罹る難病である。治療法はない。最近、電子タグという新薬が開発されたが、今の段階ではコスト高とのこと。

み

【未刊】（みかん）

出版社の都合によって、まだ本になっていない企画段階の本。そのまま未刊という幻の商品もある。この商品名が目録に掲載されているから始末が悪い。

【未請求】（みせいきゅう）

売ってもらうための裏工作の会計処理。支払い時期に後悔する請求。

【見計らい配本】（みはからいはいほん）

販売現場を見下した一方的な販売形態。業界のトンネル現象を絵に描いたもの。

【ミリオンセラー】

出版社が一度は味わいたい妙薬。大量返品を忘れると大火傷をする。

む

【ムック】
本と雑誌の混血児。mook は magazine の「m」と book の「ook」の抱き合わせ語、和製英語。今では、国際的に通じるとのこと。

め

【名刺】（めいし）
アイデンティティ用の紙片。配布枚数が販売力に比例する？

【名刺広告】（めいしこうこく）
業界紙などに出す名刺大の広告。夏の陣と冬の陣がある。

【面だし（面陳）】（めんだし・めんちん）
装丁者を喜ばせる陳列法。面食い読者に好評。

も

【目録】（もくろく）

出版社の知的財産などとおだてられて作られる本。

や

【ヤレ本】（—ぼん）

ダメージ本である。印刷、製本途中で事故を起こした本の総称。流通途中でもわからずに、読者の所まで届いてしまう不幸者もある。語源は〝破れ本〟とのこと。

よ

【予価】（よか）

定価決定になる前の思いつき価格。読者に弱く、上司に強く決定さ

れるもの。予定定価のこと。

【読み聞かせ】（よみきかせ）

命令形の読書指導なので、最近は「語り読み」と修正している。いずれにしても大人が行う強制読書である。参加者（母親が多い）の中に読書病患者が多いといわれる。

【予約】（よやく）

売る人の口車に、買う人が乗せられた契約行為。何の特典もないのが、その証拠。

【予約出版】（よやくしゅっぱん）

中身を見ないで買うのでトラブルが多い。付け足し商品の多いことでも有名。途中解約できないので、あり地獄商法とも言う。古き良き時代、大正から昭和に掛けて「円本時代」といわれる時代があった。大量販売で潤ったが数年後、大量の返品で苦しんだ。

ら

【ライトノベル】
右翼本ではない。若い人向きのお軽い本。

【落丁】（らくちょう）
出来損ないの本のこと。自覚症状がなく、読書運動中に症状が出る。診療代（取替料）は無料であるが、数日間の入院が必要となる。

【乱丁】（らんちょう）
行儀の悪い本のことで、本の体裁をなしていない。ご乱行の本と思えばよい。製本工程のミスではあるが、読者はいい迷惑。

【濫読】（らんどく）
出版業界の多額納税者の読書法。出版社はこの人に足を向けてはならない。本の読み方が粗雑なのか、飽きっぽいのか不明である。乱

読とも書く。

り

【リアル書店】（―しょてん）
実体があるのに、無いように思われがちな書店のこと。Ｗｅｂ書店（ネット書店）の反対語。

【リベート】
経常利益をプラスにする魔法の贈り物。支払い努力に対するご褒美。

【領収書】（りょうしゅうしょ）
不正経理の将軍様。

【良書】（りょうしょ）
良書なんてこの世にあるの？　書いた人、作った人がこの本は良書

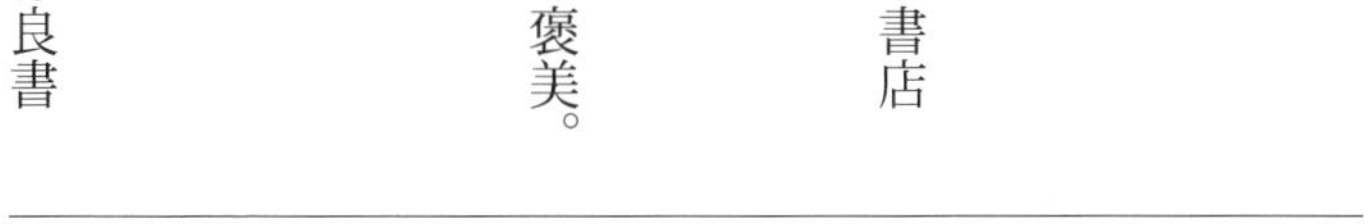

だといった時に、良書の価値は地にめり込む。

【輪読】（りんどく）
自分の番のときだけ熱心に読む読書会。レベルが同じであると進歩が無いと言われる。

る

【ルビ】
活字についた虫。読解力の弱い人を助ける虫。明治の時代、振りがな用に用いた小さな活字をルビー活字と称した。

れ

【レジスター】
誰が授受しても同じように登録され、つり銭まで飛び出すマシン。

担当者名、時刻、買い上げ商品、数量まで記録される。人間様よりお利口な商売上のツール。どんなに忙しくても不平も言わず従順に働く。

【レファレンスサービス】
実態の見えにくいサービス。お節介なサービスという人もいる。

【連結決算】（れんけつけっさん）
会社を大きく見せる会計報告。子会社の実態が暴露されるので、触れたがらない親会社もある。

ろ

【露肆】（ろし）
24時間営業の店が増えたので露肆（夜店）の出番がなくなった。夜店で売られていた書籍を今求めるのは無理。

【六法全書】（ろっぽうぜんしょ）

法律のわからない人が読んで、ますますわからなくなる厚い本。法律改正で商売になっている本。ご多分に漏れず、デジタル化の波に覆われている。

【ロング・セラー】

出版社の守り神といわれる本。原価率がさがる程に凶暴になる商品。

第2章

読書・出版 箴言集

本好き人間に贈る世界の名言集

〈世界の読書・出版箴言《しんげん》集〉

◇アンウィン（スタンリー・アンウィン）

＊出版業者になることは容易であるが、出版業者として永つづきすることと、あるいは独立を維持することはむずかしい。出版界の幼児死亡率は、ほかのどんな事業や職業に比べても高いのである。

◇イギリスの諺《ことわざ》

＊書物は常にこれを紐《ひも》解かない時は、木片に等しい。

◇ヴァレリー

＊書物は人間と同じ敵をもっている。火、湿気、虫、時間。そして自身の内容。

◇ヴォルテール

＊本を軽べつしてはいけない。今までの世界全体が本によって支配

されてきたのだから。
＊有益な書物とは読者に補足を要求せずにおかないような書物のことである。

◇エマーソン
＊いい本を読むとき、私は３０００年も生きられたらと思う。
＊出てきてから一年と経たない本は決して読まない。
＊有名な書物以外は読まぬこと。
＊愛好する書物以外は読まぬこと。

◇エラスムス
＊君は書物に負うところいささかも無し、されど未来において書物は君に限りなき光栄を与えん。

◇エレンブルグ
＊読書は一つの創造の過程である。

◇カーライル

＊書物の中にはすべての過去の心が宿る。今日の真の大学は書物のコレクションである。

◇キケロ

＊書物は青年には食物となり、老人には娯楽となる。富めるときには装飾となり、苦しいときには慰めとなる。

＊書籍なき家は主人なき家のごとし。

◇グールモン

＊ある人々にとっては、書物は境界である。他の人々にとっては書物は梯子である。

◇ゲーテ

＊我々は、我々の批評することのできない書物からのみ学ぶ。

◇サン＝テクジュペリ

＊精神の風土が粘土の上を吹いてこそ、初めて人間は創《つく》られる。

◇サント＝ブーヴ

＊批評家とは読むことを知り、他人に読むことを教える人間に過ぎない。

◇シセロ

＊室に書籍なきは体に精神なきが如し。

◇ショーペンハウエル

＊読書は、自己の頭によらず他人の頭をもって思索することなり。

＊悪しきものを読まぬことは良きものを読むための条件である。

＊学者とは、書物を読破した人、思想家、天才とは、人類の蒙《もう》を開き、その前進を促す者で、世界という書物を直接読破した人のことである。

＊なるほど本を買うのはいいことだ。ただし、同時にそれを読むための時間を買え。だが人は本を買うことと、その本の内容を身に付けることをよく混同する。

＊良い本を読むためには悪い本を読まないことだ。そのためには読まずにすます技術がきわめて必要だ。その技術とは、一時的に人気のある本に、我、遅れじとばかり手を出さないことだ。おろか者のために書く著者が、つねに広い読者層をもつのだということを覚えておくがいい。

＊読み終えたことをいっさい忘れまいと思うのは、食べたいものをいっさい体内にとどめたいと願うようなものだ。

＊ある精神的作品、つまり著作を一応評価するためには、その著者が何について、何を考えたかを知るには及ばない。そういうことになると、その人の全著作をことごとく読み通す必要がでてくるかも知れない。そういう大変な仕事に取り掛からなくても、差し当たり、彼がどのように思索したかを知るだけで十分である。

◇ジューベル

＊新刊書が非常に不都合なのは我々が古い書物を読むのを妨害するからである。

◇ジョイネリアナ

＊本は、すべからく友のごとく数少なく精選すべし。

◇ジョンスン

＊炉辺で片手をかざしながら読める本こそ、最も有用な本だ。

＊人生について知識のない本は、無用。

＊辞書は時計のようなものだ。いい加減な辞書なら無い方がいいし、最もいい辞書でも完全に正しいと期待することはできない。

◇ジョンソン（サミュエル・ジョンソン）

＊読みたいとの願いと好奇心とを真実に感ずる書を読め。

◇スコット

＊書を読みて疑惑をいだき、また軽侮の念をいだく人は無双の知者なり。

◇スチブンソン

＊書物はそれ自身として誠に結構である。しかしそれはひどく血の気のない人生の代用物である。

◇スペインの諺

＊書物と友人は、少ないことと、良いことが条件。

◇スマイルス

＊人の品格はその読む書物によって判断しうること恰《あたか》もその交わる友によって判断しうる如し。

◇スミス（ゴールド・スミス）

＊本は間違いだらけであってこそ楽しい。少しの矛盾撞着《どうちゃく》もない本など退屈で仕方あるまい。

＊初めてすぐれた本を読んだ時は、恰も新しい友を得たように思われる。かつて読んだ本を再び手にした時は、旧友に遭遇したかの感がある。

◇スミス（U・スミス）

＊ベストセラーは、凡庸な才能を鍍金《めっき》した墓場である。

◇ソクラテス

＊他人の著書によって自分を改良することに時間を用いよ。しからば他人が辛苦を尽したものによって、たやすく改良を遂げるを得べし。

◇ソーロー

＊まず一番いい本を読め。でないと全然それを読む機会がないかも知れないから。

◇タッパー

＊良書は友達の中の最良の友である。現在も、そしてまた永久に変わるところがない。

◇チェスタートン

＊本を読みたいという熱心な読者と、読む本が欲しいという退屈した読者との間には大変な違いがある。

◇ティンクル（ロン・ティンクル）

＊文明の記録は、人間の保存欲と発見欲、保存する必要と、発見する必要との、微妙な調和を示している。読書こそ、この両者を総合する鍵であり、文明をあらゆる性質の狂信から守り通す護衛である。

◇ディズレリ（アイザック・ディズレリ）

＊自分の著作について語るところの著者は、わが子についてしゃべ

る母親と同じように間違っている。

＊思索に技術《こつ》があるように、書くにも技術《こつ》がいるように、読書には一つの技術《こつ》がある。

◇デカルト

＊古人の書物は読むべきである。

＊すべて良き書物を読むことは、過去の最もすぐれた人々と会話をかわすようなものである。

＊読書とは『世界という大きな書物』を読むことである。

◇デュアメル

＊書物は孤独の友である。人は読書で自分自身に出会う。

◇デイヴィッド・リースマン

＊読書とは、きたるべき事態に備える予備学習である。

◇トウェーン（マーク・トウェーン）

＊古典とは、だれもが読んでおかなくてはと思い、そのくせ、誰もが読みたがらない、そういったものだ。

◇トロロープ

＊読書の習慣は、混ざりのない唯一の楽しみである。その楽しみたるや、他のすべての楽しみが色あせた後まで続く楽しみである。

◇ニイチェ

＊一切の書かれたもののうち、私はただ人がその血を以って書いたものだけを愛する。

◇ニューマン

＊もしも書物が、人間と全く分離して、知識の死蔵所でしかなくなったとしたら『偉大なる書物は甚だしい害悪である』といって先見の明に、我々はいさぎよく服するほかなかろう。

◇ノヴァリス

＊一つの小説は書物としての人生だ。各々人生は一つの題辞、一つの表題、一つの序文、一つの序論、一つの本文、注などをもっている。

◇ハインズ（H・E・ハインズ）

＊最も強く要求された本が、常に最高の価値の本とは限らない。

◇ハウエルズ（W・P・ハウエルズ）

＊どうしても読まねばならぬと思って読む本はよき友にはならぬ。

◇ハズリット

＊以前に読んだ本をもう一度手にする場合、自分がなにを期待しようとしているかを、私はよく知っている。しかし満足は、予想されることによって減りはしない。

◇ハマートン

＊読書の技術とは、適当にうまく飛ばして読むことである。

◇パーク（エドマンド・パーク）

＊書を読んで考えないのは食べて消化しないのと同じ。

◇バルトソン（トマス・バルトソン）

＊書物無くば、神も黙し正義は眠り、自然科学は停頓し、哲学はあしなえとなり、文学は語らず、ものみなキムメリオイ*の闇に没せん。

（＊注：太古常闇の中に生活していたといわれる種族）

◇バーカー（テオドル・バーカー）

＊一番ためになる本とは、一番考えさせる本である。

◇パスカル

＊人は余りに早く読むか、余りにゆっくり読めば何事も理解しない。

◇ピレル

＊図書館は作られるものではない。生長するものだ。

◇ファゲ（エハール・ファゲ）

＊〝読書〟の娯しみの主要の敵は、自尊心、臆病、激情及び批評心である。

＊ゆっくり読むこと、これはあらゆる読書に適用されるべき技術である。ゆっくり読んでいられない本があるかも知れぬ。しかし、それは読む必要のない書物だ。

◇フラア

＊書物は友人と同様、数多くあるべきであり、そしてよく選択されるべきである。

◇フランクリン（ベンジャミン・フランクリン）

＊読書は精神的に充実した人をつくる。思索は深遠な人を創《つく》る。論

述は俊敏な人を創《つく》る。

◇フランス（アナトール・フランス）

＊悪い本というものがあったとしても、その数は醜い女の数よりは、ずっと少なかった。

◇ブレイズ

＊愛児を扱うのと同じ呼吸で書物を扱え。

◇ヘッセ

＊本を買うことは単に本屋と著者を養うことに役立つばかりでなく、本の所有には全く独特な喜びと独特なモラルがある…貯えた零細な金の細心な投資から、最高のぜいたくに到るまで、（美しい蔵書には）多くの道と多くの喜びが開かれている。

＊精神的なものにおいて現在だけの中に、生きることに耐えがたく無意味であると、歴史や古典にたえず関係をもつことが精神生活

を可能にすることに気が付いた。

＊私は新刊書店から古本屋に移った。

◇ヘルプス

＊私は読書家を二種類に分けます。一つは何かを覚えるために読む人、一つは何かを忘れるために読む人。

◇ベーコン

＊読書は充実した人間を創り、会議は覚悟のできる人間を、書くことは正確な人間を創る。

＊反対したり議論したりするために読書するな。さりとて、信じたりそのまま受け容れたり、話や議論のタネにするために読書するな。ただ思い、考えるために読書せよ。

＊書物はつねに生産し、自分の種を人の心に蒔《ま》き、後に来る時代に限りなく行為や意見を奪い起す。

＊書物こそは、〝時〟の大海原を乗り切るための船である。

＊ある種の本は、代理に読ませること。

◇ベネット

＊何でもいいから本を買いたまえ。買って部屋に積んで置けば読書の雰囲気が創りだされる。外面的のことだがこれは大切なことだ。

＊読書に使っただけの時間を、考えることに費やせ。

＊名声の確立した偉大な本は、少なくとも二度読み返さないうちは、読んだことにならない。

＊定評ある古典から始めよ。現代作品は避けねばならぬ。なぜ避けねばならぬかといえば、君がまだ現代作品の中から選択し得るほどになっていないからだ。

＊いや、何人といえども、確信をもって現代作品中から、選択することはできない。麦をフスマから、ふるい分けるのには極めて長い時間を要するからだ。

＊古典の魅力と美しさは、たちどころにフラフラさせるような性質のものではなく、むしろ忍び寄るものである。だから我々の態度

は、はるかな物音を聞こうと耳をそばだてて、じっと聞き入る人の態度でなければならない。

◇ポオマルシェ

＊著者という職業は厚かまし屋の職業だ。

◇ポー（エドガー・アラン・ポー）

＊本を非常に多く読む者は、その読書能力が幾何級数的に加わっていく。

◇マウルス(テレンティアヌス・マウルス)

＊書物らは、書物ら自身の運命をもつ。

◇マーカス(スタンレー・マーカス)

＊私にとっては、自分の蔵書を抜きにした人生なんて全く考えることもできない。私は、本の内容に対してというよりは、むしろ、

本そのものに対して、より強い愛情をもっている。そんな人間の一人なのだ。私は、本の手ざわりが、匂いが、姿が何よりも好きなのだ。

◇マラルメ

＊肉体は悲し。ああ我は万巻の書を読みぬ。

◇ミルトン

＊書は精読を貴び、多く貪《むさぼ》るを貴ばず。
＊良書は君子の貴き生命にして、子々孫々のため、香料を施して秘蔵すべきなり。
＊最良の書籍は、永久不滅なり。

◇モーム

＊とにかく、愉しんでお読みなさい。
＊読書の習慣を身に付けることは、人生のほとんどすべての不幸か

ら、あなたを守る避難所ができることである。

◇モロア

＊読書の技術とは書物の中に改めて人生を発見し、書物のお陰で人生を一層よく理解する技術である。

◇モンターギュー夫人

＊読書ほど安価にして永続的な快楽はない。

◇モンテスキュー

＊わたしは著書を作る病癖があり、しかも著書を作った時にはこれを恥じる病癖がある。

＊読書を愛するということは、退屈な時間を歓喜の時間と交換することだ。

◇モンテーニュ

＊この私が愛するのは、ただ面白くやさしくて、私をくすぐる書物か、でなければ私が自分の生と死とを調節するにあたって、慰めとも力ともなるような…物だけだ。

＊読書はとくに、さまざまな問題を提供して私の推理を喚起することにより、また、記憶力を使うことなしに私の判断を働かすことによって、私に役立っている。

＊書物は常に我が行く処に随い、到る処私に侍する。老令孤独の中にある私を慰める。物憂き無為の重荷を軽くしてくれるのみならず、私を煩わす処の人々を終始遠ざけてくれる。

＊人は、他人の書いたものの意味を、とかく自分が心の中にあらかじめ抱いている意見に都合のいいように解釈したがる。無神論者も、すべての作家を無神論者に帰納して快としている。

＊古い本が古典なのではない。第一級の本が古典なのだ。

◇ラスキン

＊人生は非常に短く、静かな時間は僅かしかないから、我々はつまらない書物を読むことに決して浪費すべきでない。

＊人生は短い。この本を読めば、あの本は読めないのである。

＊良書は人生の糧であり、私たちの理性と感情の糧である。

＊本を読むのは彼らに教えられたい。彼らの思想に入りたいという欲求のためであって、君たちの考えを彼らのうちに見いだすためではないのだ。

＊書物は一回読めば、その役目が終わるものではない。再読され、愛読され、離しがたい愛着を覚えるようになるところに、尽きない価値がある。

＊読む価値がある本は、買う価値がある。

◇ラ・フォンテーヌ

＊最も簡単な著作が常に最良の著作である。

◇リットン

＊科学では最新の研究を読め。文学では最古のものを読め。古典文学はつねにモダンなのだ。

◇ブルワー・リットン

＊目的のない読書は散歩であって学習ではない。

◇ルヒテンベルグ

＊考えないで済ますために本を読む人がなんと多いことか。

◇リリアンタール

＊この書物を用いるはよし。されど虐使したもうな。蜜蜂は百合を汚さず、ただ味を捉えて去る。

◇ルソー

＊書物を濫用すれば学問は死ぬ。

◇ルーテル

＊学力を増進するのは、多読乱読ではなくて、良書を精読することだ。

◇ロスコモン

＊友を選ぶが如く、著者を選べ。

◇ロック(ジョン・ロック)

＊読書は単に知識の材料を供給するのみ、それを自家のものとなすは思索の力なり。

◇ローレンス(D・H・ローレンス)

＊読書の本当の喜びは、なんどでもそれを読み返すことである。

◇ロングフェロー

＊多くの読者は、おのれの感情に与えるショックによって、本の力を判断する。

◇ワイルド

＊道徳的な書物とか不道徳な書物とかいうようなものはない。書物はよく書かれているか、悪く書かれているかである。

◇ワーズワス

書物は一冊一冊が一つの世界である。

〈中国、日本の読書・出版箴言《しんげん》集〉

◇顔之推（がんしすい）

＊未だ見ざるの書を読むは、良友を得るが如し。すでに見たる書を読むは、故人に逢うが如し。

◇匡衡（きょうこう）

＊壁をうがちて書を読む。

◇周易（しゅうえき）

＊書は言を尽くさず、言は意を尽くさず。

◇杜甫（とほ）

＊読書万巻を破る。

◇孟子（もうし）

＊悉く書を信ぜば書なきに如かず。

◇林語堂（りんごどう）

＊真の読書法とはなにか。答えは簡単だ。気分が向けば読む。ただそれだけ。

＊読んでいるものに興味がなければ、読書はまったく時間の浪費である。

◇**日本の諺（にほんのことわざ）**

＊論語読みの論語知らず。

＊読書百遍意おのずから通ず。

＊十遍読まんより一遍写せ。

◇**日本の故事（にほんのこじ）**

＊蛍の光、窓の雪。

◇**阿部次郎（あべじろう）**

＊読書は体験を予想する。

◇**石川啄木（いしかわたくぼく）**

＊新しき本を買い来て読む夜半のその楽しさも長く忘れぬ。

◇**伊藤東涯（いとうとうがい）**

＊凡そ書を読むに、流覧十過は熟読一過に如かず。

◇国木田独歩（くにきだどっぽ）

＊万物皆吾に備わる、読書する時は此等の者其の固有の発育を磨《と》ぐ。

◇島崎藤村（しまざきとうそん）

＊青年は老人の書を閉じて、まず青年の書を読むべきである。

◇高山樗牛（たかやまちょぎゅう）

＊文は人なり。

◇橘曙覧（たちばなのあけみ）

＊楽しみは珍しき文、人に借り、初め一枚《ひとひら》広げたる時。

◇寺田寅彦（てらだとらひこ）

＊ある天才物理学者がいた。山を歩いていてころんだ拍子に一握の草をつかんだら、その草が知られざる新種であった。読書の上手な人々も、これに類した不思議なことが、ありそうに思われる。

のんきに書店の棚を見て歩くうちに、時々気まぐれに手を延ばして、引っぱり出す書物が、偶然にもその人にとって、最も必要な本であるというようなことになるのではないか。

＊少なく読んで、多くを考える。

◇外川秋骨（とがわしゅうこつ）

＊読書なるものは、文学とか、語学とかの技にあるのではなく、何か別の意気込みとでもいったようなものにある。

◇夏目漱石（なつめそうせき）

＊御前少しく手習いをやめて余暇をもって、読書に力を費やし給えよ。

◇西田幾多郎（にしだきたろう）

＊一事を考え終わらざれば他事に移らず、一書を読了せざれば他書をとらず。

＊本とは使うものだ。

＊他人の書を読まんよりは自ら顧みて深く考察するを第一歩とす。書は必ず多きを貪《むさぼ》らず。

◇新渡戸稲造（にとべいなぞう）

＊本を読むときには必ず青、赤の鉛筆をもて、そしてアンダーラインを本にできるだけきれいに引け。

◇宮本百合子（みやもとゆりこ）

＊本への愛というのは…人間の真面目な智慧《ちえ》への愛と尊敬、文化への良心とつながったものである。

◇三木清（みききよし）

＊他の場合においてと同様、読書にも勇気が必要である。ひとまず始めなければならない。

＊読書の時間が無いと言うのは読書しないための口実に過ぎない。

◇吉田兼好（よしだけんこう）

＊ひとり灯のもとに文をひろげて見ぬ世の人を友とするぞ。こよなくなぐさむわざなれ。

第3章

出版業界 消えた用語集

出版人に贈る業界で忘れられた用語

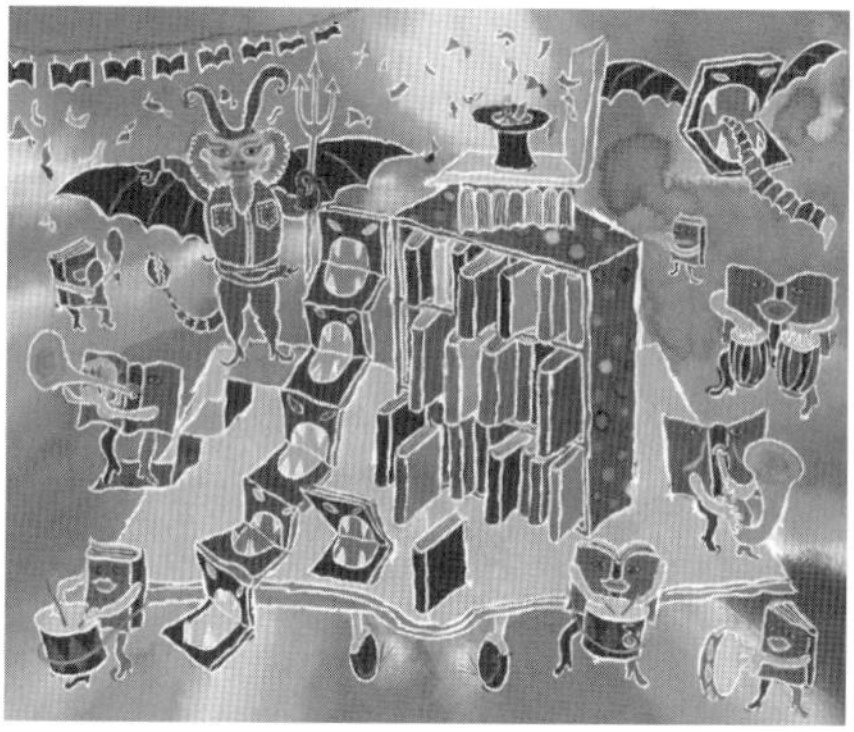

あ

【間紙】（あいし、あいがみ）

印刷途中、あるいは完了後インクの裏写りを防ぐために入れる紙のことを言う。しかしこのごろは使わなくなった。

【遊び紙】（あそびかみ）

本の中身の中に両面印刷されていない贅沢な白紙があった。印刷の都合上、半端なページを遊び紙とした。見返しの〝遊び〟とは違う。

【新本】（あらほん）

古書に対して新刊書を新本（あらほん）といった。今は誰も言わなくなった。

【アンカット】

三方の小口を折丁のままの状態で、化粧裁ちしないままで製本した

ものを言う。

【入り日記】（いりにっき）

コンピュータ伝票の出現によって駆逐された送品伝票。

【印刷カード】（いんさつかーど）

図書館のデジタル化によってカード不要でリストラされた。

【大裏】（おおうら）

表４を指すが、この呼称は言わなくなった。

【音出誌】（おんしゅつし）

１９５９年（昭和34年）にフランスから伝わった音の出る雑誌として珍重されたが、素材が塩化ビニルのシートだったので、音質に限界があり、４年と短命であった。ソノシートの名前で親しまれ、雑誌の付録などにも多用された。

か

【カーボン紙】（――し）
返品する時に、返品伝票の間に赤のカーボン紙を挟《はさ》んだものだった。複写するためである。

【改良半紙】（かいりょうはんし）
半紙は今でも書道で使われている紙である。昭和初期、従来の半紙より色が白く、なめらかな紙が開発され改良半紙と呼んだ。それが普通になったので、改良は飛んでしまった。

【隠印】（かくしいん）
本の目につきにくい所に所有者の印を押すことを言う。公共図書館では隠印を押す習慣があった。しかし今は行われることは少ない。

【カストリ雑誌】（――ざっし）

昭和20年代当時、刺激の強いエログロ誌の別名である。カストリ焼酎は三合飲めば、失明するほど、アルコール度は強かったので、３号程度でつぶれる雑誌を指して、「カストリ雑誌」と呼んだ。

【活版印刷】（かっぱんいんさつ）

ＤＴＰと選手交替した。コンピュータの出現で印刷革命が起こり、活版印刷は歴史の彼方へ消えた。

【貫貫】（かんかん）

尺貫法はメートル法に押され忘れられたが、本や雑誌を古紙屋さんに出すことを「貫貫に出す」といった。１貫いくらで売買された。

【神田村取次】（かんだむらとりつぎ）

東京都千代田区神田神保町の一角にあった小さな取次店の別称であったが、都市計画によって崩壊してしまった。専門取次が多かったが、鈴木書店のような人文書では、定評の取次店もあった。

【観音開き】（かんのんびらき）
雑誌の目次に利用されていた。目次に両袖が付いており、観音様を拝顔するときのように両方に開くことから付いた製本用語。

【気送管】（きそうかん）
図書館で閲覧伝票を気送管の投入口に放り込めば、圧縮空気の吸引力によって、管の中を通って遠方まで届く。取次でも各部課との文書のやりとりに使われた。

【客車便】（きゃくしゃびん）
雑誌が旅客列車または手荷物専用列車によって運ばれていた。

【旧約全書】（きゅうやくぜんしょ）
かつては、旧約全書と呼ばれたが、今では、旧約聖書の名前で呼ぶ。

【距離制限】（きょりせいげん）

1929年(昭和4年)東京書籍商組合は、組合員の既得権擁護のため、新規小売書店の開業について距離制限をした。戦後の一時期まで続いた。距離は一丁(110m)以上離れることを義務付けていた。現在は隣に書店が出店してくる時代である。商業道徳はどこへやら。

【グラシン紙】(―し)

透明な薄い紙。光沢があり、滑らかで、耐油性・耐水性がある。文庫に掛けられていた。

【黒塗り教科書】(くろぬりきょうかしょ)

終戦直後、小中学生が学校でやることは教科書を墨で塗りつぶすことであった。先生の号令で、軍国主義につながる語句を塗りつぶした。

【欠字】(けつじ)

高貴な人の名や名称を記す場合、敬意を表す意味で、その字の上を1字か2字あける習慣であった。特に天皇、皇后の場合は行を改め、

行頭に記す習慣があった。現在はない。

【月賦販売】（げっぷはんばい）

月支払の分割販売(割賦販売)、クレジットに追い出された売り方。

【検印】（けんいん）

昔は、発行部数の確認のため、本の奥付けに一冊一冊、著者の印鑑を押した。著者と出版社の信頼関係の高まりによって、著者は押印という重労働から解放された。

【孔版印刷】（こうはんいんさつ）

俗に言う、ガリ版印刷のこと、ワープロの登場で退けられ、パソコンで完全に打ちのめされてしまった簡易印刷。

【小口金】（こぐちきん）

小口を金箔で装飾したもの。三方(天、地、前小口)を装飾したもの

を三方金と呼んだ。贅沢な本である。

【国定教科書】（こくていきょうかしょ）

検定教科書の反対語。戦前のやりたい放題の国策の教科書のこと。

【五葉伝票】（ごようでんぴょう）

事務のデジタル化によって駆逐された委託販売伝票。

【ゴンちゃん本（古本用語）】（ごんちゃんほん）

子どもの人気連載の小説や漫画を選び、適当に組み合わせ、厚い一冊の本に仕立てた。戦後の本不足時代の落とし子。

さ

【サプリメント】

出版業界では〝付録〟を意味していたが、今はすっかり栄養剤業界の

専門用語になってしまった。

【三号雑誌】（さんごうざっし）

戦後、カストリ焼酎を三合飲むと失明すると言われた。その三合を三号に掛けて、雑誌を継続することの難しさを言った代名詞。

【三葉伝票】（さんようでんぴょう）

事務のデジタル化によって駆逐された買切販売、返条付販売で活躍した専用伝票。

【三六判】（さんろくばん）

四六判、菊判は生きているのに、三六判は使わなくなった。新書判といった方が恰好《かっこう》良いのか。仕上がり寸法が3寸(約91ミリ)×6寸(約182ミリ)から三六判と呼んだ。

【四季刊】（しきかん）

今は〝季刊〟という。かつては〝四季刊〟と呼んだ。

【仕切書】（しきりしょ）

送品票である。入り日記とも言った。

【紙型】（しけい）

活版印刷の消滅とともに紙型は無用となり、姿を消した。かつては出版社の財産といわれ大事にされた。関東大地震や戦災の折、紙型を必死に守って逃げたなどのエピソードがある。

【自習書】（じしゅうしょ）

虎の巻、答の出ている参考書の別称であった。新学期によく売れた。

【七分口銭】（しちぶこうせん）

問屋の取り分を七分口銭といった。取次マージンのことである。今は、粗利《あらり》12％～13％である。

【袖珍本】（しゅうちんほん）

この表現をする人は少なくなった。袖やポケットに入れて携帯できる小型本のことである。文庫、新書が現代版袖珍本である。

【職域販売】（しょくいきはんばい）

職場の秘密、安全のために排除された販売方法。

【植字】（しょくじ）

活版印刷さようならとともに自然消滅、植字工さんご苦労様でした。

【接架】（せっか）

図書館用語である。戦前の図書館は閉架式が主流であった。書架に接することはできなかった。

【仙花紙、仙貨紙、泉貨紙】（せんかし）

和紙としての祖先は楮《こうぞ》を原料にした高貴な紙だった。伊予の国の僧、

泉貨の創製とされる。戦後、粗製乱造の雑誌に使われた悪質な洋紙のこと。戦争で落ちぶれたのである。少年漫画誌でよみがえった。

【選集】（せんしゅう）
全集と選集を混同して使うことは勉強不足である。著者生存中に全集とは何たることぞ。

【ソノシート】
フランスから来た音響出版物だったが、ＣＤの誕生で放浪の身となり、姿を消した。

た

【大全科】（だいぜんか）
なんだか知らないうちに発行されなくなった小学生向け参考書。全科目が一冊に入っていて重宝された時代がある。

【太陽族】（たいようぞく）

１９５６年（昭和31年）、当時24歳の石原慎太郎が『太陽の季節』で芥川賞を受けた。「彼は勃起した陰茎を外から障子に突き立てた。障子は乾いた音をたてて破れ…」の表現に読者は目を見張った。太陽族、慎太郎刈りの流行語が一世を風靡した。

【第四種郵便物】（だいよんしゅゆうびんぶつ）

第三種郵便物だけが有名になり、あまり知られていないが、通信教育用郵便物や点字郵便物、特定録音物等郵便物などが相当する。

【種まき】（たねまき）

書店番線で新刊をばら播いていた前近代的労働は、ベルトコンベアに職を奪われてしまった。

【ダブル帳合】（だぶるちょうあい）

一書店が二つの大取次と取引すること。１９５０年代の半ば（昭和

30年代）に無駄が多いという理由でメイン取次を決めることになった。

【短期委託】（たんきいたく）

長期委託の反対語。今は２延べ（２ヶ月間繰り延べ）、３延べ（３ヶ月間繰り延べ）で呼ばれている。

【地下出版】（ちかしゅっぱん）

非合法出版を指すことが多い。

【地方定価】（ちほうていか）

１９５２年（昭和27年）、国鉄運賃の急騰に苦しむ地方書店の負担を軽減するために、東京と地方で価格の違う二重価格制が取られた。５％増の定価であった。地方読者の反発があり、１９５４年に廃止された。

【チャックブック】

イギリスで17～19世紀に村から村へ売られた行商本。日本には上陸

しなかった。

【帳合】（ちょうあい）

仕入先のことを言うが、余り使われなくなった言葉。

【緒言・緒論】（ちょげん・ちょろん）

序論、序文が通常的になり、出番がなくなった。

【束見本】（つかみほん）

企画商品を販売促進するために作られた見本本。編集用語としては、現在も使われ、束（本の厚み）を計るために作られる見本のこと。

【作り本】（つくりほん）

出版社が倒産した場合、在庫を処分し、廉価で売る行為。また、倒産した出版社から、紙型を引き取り、著作者には無断で、著作権侵害の本を廉価で売る行為。今は流行らない。

【謄写版】（とうしゃばん）

ワープロ、パソコンの出現で出番がなくなった。印刷革命の被害者である。孔版印刷、ガリ版印刷とも言う。

【図書券】（としょけん）

デパート商品券、ビール券と並んで三大商品券の一つであったが、世の中のデジタル化に負けた商品券。

【虎の巻】（とらのまき）

答えの書かれた本のことを言い、学生には必須本だった。今は社会用語としては使うが、出版用語では言われなくなった。

【取物】（とりもの）

届け（とどけ）の反対語。取次が各出版社から、書店の注文を集めることを「取物」と言った。今は集品という。当時は方面別、出版社別に仕分けされ、取物担当者が自転車で都内を駆け巡った。

な

【入銀制】（にゅうぎんせい）

出版社が書店に新刊書（企画書も含む）を案内した時、事前予約（買切注文）に対して、通常正味より安く買える注文制度を言った。戦後は、ほとんど行われなくなったが、工学書協会では１９６５年（昭和40年代）ごろまで採用していた。

は

【稗史】（はいし）

正史に対して、民間の歴史小説をさすが、今は通用しない。

【配本順序】（はいほんじゅんじょ）

文学全集の刊行は1巻からの逐巻配本ではない。売れそうな巻から刊行されるので、全集ナンバーは無視されていた。

【曝書】（ばくしょ）
和装本の虫干しを指すが、洋装本主流の現在、洋装本には有害なのでこの年中行事は役目を終えた。

【花布】（はなぎれ）
上製本の背の上下に付けられる布のこと。「ヘドバン」と呼ばれる製本上の用語であるが、今は装飾的な意味を持つようになった。しかしコストが掛かるので、上製本は少なくなった。

【貼り奥付】（はりおくつけ）
本文とは別の紙に印刷され、貼込まれる奥付けのこと、検印を押すには、この方が便利であったが、検印が廃止(省略)され、奥付けの権威がなくなり姿を消した。

【版下】（はんした）
製版用に描かれた図版や線画を指す。活版印刷時代の印刷段階の主

役であったが、ＤＴＰ時代になり、お役ご免となった。

【婦人雑誌】（ふじんざっし）

１９６０年代全盛を極めた婦人雑誌４誌（主婦の友、婦人倶楽部、主婦と生活、婦人生活）は、全部無くなった。１９６５年（昭和40年）には４誌合計で３２０万部も売れた。今は婦人誌という名称は使わず女性誌といっている。

【ブッククラブ】

１９６９年（昭和44年）にアメリカのタイム・ライフ社のブッククラブが日本に上陸することが発表された。黒船襲来とばかりに日本中が大騒ぎになり、書協、雑協、日書連の三者が全日本ブッククラブを設立、対抗したが、旋風はなく事なきを得た。会社は解散した。

【ブック戦争】（ぶっくせんそう）

１９７２年（昭和47年）秋に、マージン改定のため、書店が立ち上がっ

て仕掛けた不買運動を指す。当時は〝書店スト〟とも呼ばれた。出版社との交渉の結果、書店の粗利が３％あがるはずであったが、間に入った取次のマージンも１％アップし、結果２％になってしまった。

【プレス・コード】

戦後間もなくの新聞、出版に対する統制、検閲の基準。違反すれば軍事裁判に回された。１９５２年の対日講和条約で廃止された。

【焚書】（ふんしょ）

秦の始皇帝に始まる焚書は、ナチスドイツでも１９３３年に共産主義、自由主義の図書を焼却した。日本はヒトラーに対し抗議書を送った。日本は焚書はしなかったが、戦時中検閲の統制強化とか治安維持法で焚書以上の言論弾圧をした。

【文選】（ぶんせん）

活字を拾う組版作業をいう。活版印刷の消滅とともに、姿を消した。

ま〜わ

【丸背】（まるぜ）

本の背が、丸みを帯びている製本様式。近頃、上製本も少なくなった。本の開き具合が良く、もっとも、多く用いられる製本様式である。

【よろめき小説】（―しょうせつ）

不倫という言葉が社会語になる前の話である。谷崎潤一郎の「雪夫人絵図」の刺激でよろめいた人が多かったとか。

【リーダーズ・ダイジェスト】

戦後、アメリカから来た月刊雑誌。日本人は行列をして買うほど売れた雑誌であった。しかし１９８６年に休刊となり、姿を消した。

【ワードプロセッサ】

ワープロという言葉では残っている。漢字を書けなくしたマシン。

〈参考文献〉

1. 『悪魔の辞典』 アンブローズ・ビアス著　西川正身訳　岩波書店
2. 『ビジネス版 悪魔の辞典』 山田英夫著　日本経済新聞社
3. 『本の情報事典』 紀田順一郎監修　出版ニュース社
4. 『実用・本の辞典』 植原路郎著　出版ニュース社
5. 『本のまるごと情報源』 実務教育出版
6. 『出版社の日常用語集』〈第４版〉 日本書籍出版協会
7. 『出版事典』 出版ニュース社
8. 『知的読書術』 岩崎隆治著　こう書房
9. 『黄金時代の読書法』 紀田順一郎著　蝸牛社
10. 『白書出版産業２０１０』 日本出版学会編　文化通信社
11. 『出版産業の変遷と書籍出版流通』〈増補版〉 蔡星彗著　出版メディアパル
12. 『昭和の出版が歩んだ道』 能勢仁・八木壮一共著　出版メディアパル
13. 『書店手帳』 日本出版販売株式会社
14. 『書店実務手帳』 メディアパル
15. 『横線当用日記』 博文館新社

＊ 謝辞　本文挿絵『鳥獣人物戯画』よりアレンジいたしました。

〈ア行〉

〈カ行〉

〈サ行〉

◎能　勢　仁（のせ・まさし）氏略歴
1933年：千葉市生まれ
慶應義塾大学文学部卒業・高校教師を経て多田屋常務取締役、ジャパン・ブックボックス取締役（平安堂FC部門）、アスキー取締役・出版営業統轄部長、太洋社勤務
1996年：ノセ事務所を設立
書店クリニック・出版コンサルタントとして
全国の書店の再生に活躍中

◎主な著書
『世界の本屋さん見て歩き』（出版メディアパル）
『昭和の出版が歩んだ道』（共著、出版メディアパル）など多数

『出版業界版　悪魔の辞典』

2015年8月31日　第1版第1刷発行
著　者：能　勢　仁
©2015年　能　勢　仁

出版メディアパル
〒272-0812　千葉県市川市若宮 1-1-1
Tel & Fax：047-334-7094
e-mail：shimo@murapal.com
URL：http://www.murapal.com/

カバーデザイン：あむ　荒瀬光治
カバー・イラスト：毬月絵美
DTP編集：出版メディアパル＋いえろう・はうす 前川裕子
印刷・製本：今井印刷株式会社　Printed in Japan
ISBN：978-4-902251-99-9

●出版学実務書

世界の本屋さん見て歩き—海外35ヵ国 202書店の横顔

能勢　仁 著　定価(本体価格2,400円+税)　A5判　272頁

●本の未来を考える=出版メディアパル No.26

昭和の出版が歩んだ道—激動の昭和へ Time TRaVEL

能勢　仁・八木壮一 共著　定価(本体価格1,800円+税)　A5判　184頁

●出版学実務書

書店員の実務教育読本—①本と読者をつなぐ知恵 ②実務教育読本

能勢　仁 著　定価(本体価格2,400円+税)　四六判328頁

●出版学実務書

本と読者をつなぐ知恵—読者ニーズを満たす書店の姿

能勢　仁 著　定価(本体価格1,600円+税)　四六判208頁

●本の未来を考える=出版メディアパル No.28

表現の自由と出版規制—時の政権と出版メディアの攻防

山　了吉 著　定価(本体価格2,000円+税)　A5判　192頁

●本の未来を考える=出版メディアパル No.6

発禁・わいせつ・知る権利と規制の変遷=出版年表

橋本健午 著　定価(本体価格1,500円+税)　A5判　144頁

●出版学実務書

出版産業の変遷と書籍出版流通〈増補版〉

蔡星慧 著　定価(本体価格2,400円+税)　A5判　232頁

●出版学実務書

韓国の出版事情ガイド—①2006年版 ②2008年版

舘野皙・文嬿珠 共著　定価(本体価格2,400円+税)　A5判　224頁

SMP mediapal 出版メディアパル　担当者 下村 昭夫

〒272-0812　千葉県市川市若宮1-1-1　電話&FAX：047-334-7094